지구를 사랑하는 존재들의 메시지

지구를 사랑하는 존재들의 메시지

초판발행 2022년 6월 30일
채널러(기록자) 수 화
표지 그림 수화·**본문디자인** 서 진
편   집 명 광
펴낸곳 금오당
출판등록 2018년 3월 21일 (제 2019-000171호)
전자우편 gold5palace@hanmail.net
블로그 http://blog.naver.com/mojude
ISBN 979-11-963554-5-6(03110)

이 책은 신 저작권법에 의해 한국 내에서 보호를 받는 저작물이므로 무단 전재와 무단 복제를 금합니다.

지구를 사랑하는 존재들의 메시지

채널러 수화 기록

다가올 '한국의 시대'
우리가 알아야 할 이야기

금오당

서문

『지구를 사랑하는 존재들의 메시지』를 세상에 내놓으며

    기감은 에너지를 느끼는 걸 말하며 리딩은 에너지를 해석하는 것이다. 그리고 채널링은 보이지 않는 존재가 하는 말을 다 알아듣는 것이다. 리딩은 어렸을 때부터 되었고 채널링은 수행을 시작한 2007년부터 조금씩 되다가 2017년부터는 찾아오는 거의 모든 영적 존재들과 소통이 가능해졌다.

  존재들의 메시지를 잘 알아듣기 위해서는 먼저 배경지식이 필요하다. 지식과 정보가 없으면 그들이 하는 말을 이해하기 어렵다. 정확한 전달을 하기 위해서는 완벽히 이해해야 한다. 2015년부터 2년 동안 유튜브를 보며 공부했던 -사람들이 알지 못하는 이 세상의 이면에 대해서-내용은 내가 10년 넘게 수행하고 공부했던 양보다 훨씬 많았다. 그들은 언제나 인간을 도와주려고 하는데 관심을 갖고 수용할 수 있는 사람이 거의 없다고 한다.

  채널링이 되는 동안 나는 무아상태에 있다. 자아가 있으면 왜곡시키기 때문이다. 있는 그대로 받아들여야 한다. 진실은 인간이 알고 있는 것과는 완전히 다르기 때문이다. 메시지를 받으면서 그동안 살면서 품었던 많은 의문이 해소되었다. 그리고 지구와 인간을 이해할 수 있었다.

이 책을 어떻게 받아들이든 그것은 각자의 몫이다.

_수화

책을 읽기 전에

채널링이란 인간과 다른 차원의 존재들 사이에 이루어지는 일종의 상호 영적 교신(靈的交信) 현상을 말한다. 이러한 채널링을 행하는 사람을 보통 채널러(Channeler)라고 한다. 이 책은 지구를 사랑하는 영적 존재들이 한국인 채널러를 통해 전하는 메시지[*]이다. 국내에도 외국의 채널링 책이 다수 소개되어 있고 수년 동안 독자들의 관심과 사랑을 받고 있는 베스트셀러도 등장했다.

한국인 채널러의 등장도 흥미롭지만 영적 존재들이 한국인을 채널러로 선택한 이유를 독자는 책을 읽으면서 알 수 있을 것이다.

그동안 사람들의 '삶의 방식'을 바꿔 놓은 책들이 있었다면 이 책은

● 2017년 8월부터 2022년 3월까지의 메시지. 2017년 8월부터 2018년 5월까지의 내용은 『지구는 영혼의 학교다』로 출간했고 그 이후의 내용을 포함해서 개정증보판으로 출간.

'사람들의 인식'을 바꿔 놓을 책이다. 따라서 '보이는 세계가 전부'라는 생각의 틀 안에서 살아가는 사람은 이 책의 내용이 불편하고 받아들이기 어려울 것이다. 반면에 "삶이 왜 이리 불합리하고 모순투성이일까?" "도대체 어떤 신이 세상을 이렇게 만들어 놓은 거야?"라고 다소 반역적인 사유를 하는 사람이라면 이 책의 내용에 공감할 수 있을 것이다.

디팍 초프라, 마이클 탤보트처럼 미국 뉴에이지 운동을 이끈 사람들은 고차원 존재들의 메시지를 담은 채널링 책을 통해 많은 영감을 얻었으며 자신들의 삶에 변화가 일어났다고 말한다.

지구를 사랑하며 인간을 도와주는 영적 존재들이 알려준 흥미진진하고 통찰력 넘치는 이야기를 통해 독자들이 인간과 지구 그리고 우주에 대한 새로운 지식을 얻고 지구에서의 삶을 최대한 즐길 수 있기를 바란다.

_명광

차례

서문_『지구를 사랑하는 존재들의 메시지』를 세상에 내놓으며 _ 4
책을 읽기 전에 _ 5
차례 _ 7

1부 건강과 지구의 삶에 대하여

1장 건강과 대체의학 _ 13

01. 몸이 건강하지 않은 다섯 가지 이유 _ 13
02. 내 몸에 관해서는 포기하지 마라 _ 16
03. 소금과 물, 온도와 맛 _ 18
04. 차와 커피의 에너지적 효능과 음식 _ 21
05. 신경전달물질 _ 23
06. 좌뇌와 우뇌, 성격과 장기 _ 25

2장 육체를 가지지 않은 영적 존재들의 말씀 _ 28

01. 마법계 존재 _ 28
02. 라마나 마하리쉬 _ 39
03. 예수 _ 48
04. 대행 스님 _ 59
05. 가족세우기를 선물한 영적 존재 _ 68
06. 부처의 명상지도 _ 70
07. 마도사, 몸동작의 연금술 _ 73
08. 영혼의 세계에 대한 여러 가지 이야기들 _ 76

3장 명상과 수련, 힐링에 대한 이해_83

01. 몸 수련의 필요성_83
02. 자기 자신을 통하지 않고서는 절대로 우주를 알 수 없다_86
03. 명상과 수행_88
04. 만트라의 파장과 기능_95
05. 치유의 세 가지 방법_97
06. ○기 수련_99

4장 여섯 영혼에 대한 이야기_107

01. 마법계, 마법 교양강의_107
02. 선인계, 대행 스님_111
03. 천사계, 천사 치유_115
04. 자연계, 자비와 사랑의 촛불_118
05. 지혜계, 네 가지 성정_119
06. 인간계, 만만디의 원조_120

5장 지구에 있는 동안 삶을 즐기는 것이 가장 중요하다_122

01. 돈_122
02. 남의 말은 절대 듣지 마라_127
03. 내 삶을 살면 세상은 좋아진다_128
04. 마음과 주체라는 두 개의 힘_130
05. 양자역학과 유익한 생각_131
06. 개인과 사회변화를 위한 여러 가지 이야기들_133

6장 한국에 대한 놀라운 이야기_143

01. 인류의 기원 한국인_143
02. 태극기, 지구 운영의 원리_145
03. 제주도와 지저세계_146
04. 한국의 전통문화와 한국에서 시작하는 영성 시대_150
05. 국악과 지역의 에너지적 기능_155

2부　영적 존재들이 들려준 이야기

1장　고향별에서 오셔서 말씀하시다_161

　　01. '사르바카티야'라는 고향 별에서 왔다_161
　　02. 포자를 개발한 '튜율'이라는 이름의 행성_165
　　03. 시간축, 인간의 우주여행_171

2장　회로 리딩과 상담의 예_176

　　01. 고차원의 영적 존재들이 태어날 때는_176
　　02. 고대에는 사람들이 어깨가 열려서 태어났다_178
　　03. 에너지 통로를 뚫는 성좌_181
　　04. 천도의 네 단계_182

3장　5차원 상승과 영적인 아이들_184

　　01. 5차원 상승과 사랑과 자비_184
　　02. 영적인 세대_186
　　03. 영적인 사람들의 역할_189
　　04. 레무리안 시드_193

3부　지구와 인간에 대한 새로운 이야기

1장　외계종족, 그들의 지구지배 방식_197

　　01. 약탈자, 외계종족 이즈비_197
　　02. 마인드컨트롤과 4차 산업혁명_199
　　03. 이분법적인 사고_202
　　04. 땅 기운과 사막화_204
　　05. 인자, 인체 창조의 바탕을 조작하다_206
　　06. 살인, 자살은 인간의 영역이 아니다_208
　　07. 세포를 회복시키는 단계_210

2장 　지구와 별과 인간 _ 211

　　　01. 행성의 종류 _ 211
　　　02. 별, 지구와 인간을 운영하는 체계 _ 212
　　　03. 시간 _ 217
　　　04. 지구에 대한 여러 가지 이야기들 _ 218

3장 　소우주, 인체의 신비로운 체계 _ 224

　　　01. 빛의 몸으로 가는 길 _ 224
　　　02. 빛의 기둥과 창조의 원리 _ 230
　　　03. 인간의 신비한 성, 여성의 마음 _ 234
　　　04. 몸과 연결되는 전생의 기억 _ 235
　　　05. 무지갯빛을 뿌리는 여신 _ 237
　　　06. 인체에 대한 여러 가지 이야기 _ 238

부록 　지구와 우주에 대해 지금까지 들어보지 못한 짧은 이야기 _ 243
　　　'전자책으로 출간한 초기 원고'

1부

건강과 지구의 삶에 대하여

"지구가 사라지는 건 꿈을 잃어버리는 거다"

자연이 어떻게 생겨난 건데, 생명, 영혼이 어떻게 생겨난 건데 지구가 없어져도 된다는 것처럼 지금 인간들이 그렇게 행동하고 있는데 그러면 안 된다. 이즈비가 창조한 것들이 어떤 가치를 지니고 있냐면 지구는 모든 것의 시작이다. 정말 중요하다. 지구가 사라지는 건 꿈을 잃어버리는 거다. 꿈이 완전히 사라지는 거다. 그러면 우리가 존재할 이유가 없어지는 거나 마찬가지다. 꿈이 없어지면 살아가야 할 이유가 없어진다. 인간 모두, 창조주 영혼에게 더 이상 상처 주지 마라. 지구가 망가지는 것은 영혼에게 엄청난 상처를 주는 것이다.

1장
건강과 대체의학

01 | 몸이 건강하지 않은 다섯 가지 이유

음식물은 입에서 먼저 소화되기 때문에 많이 씹어야 한다. 위는 소독 기능만 있고 소화 기능은 췌장과 소장에서 담당한다.

사람들 대부분이 건강하지 못한 첫 번째 이유는, 미네랄이 부족하기 때문이다. 흙에서 미네랄을 흡수한 음식물을 섭취해야 하는데 토양이 거의 다 오염됐기 때문에 음식물을 통한 미네랄 섭취가 부족할 수밖에 없다.

두 번째, 몸속에 노폐물이 너무 많다. 전자파 같은 인체에 해로운 에너지를 몸이 다 흡수하는데, 이런 유해한 것이 배출되지 않고 남아서 몸에서 노폐물의 에너지가 차지하는 비율이 80%가 넘는다. 맨발로 흙을 밟으면 이런 에너지들이 빠진다. 그래서 맨발로 걷는 게 건강에 가장 좋다.

세 번째, 뼈가 바르지 않기 때문이다. 뼈가 바르지 않으면 장기들도 삐뚤삐뚤해진다. 인간의 장기는 펴져 있어야 정상인데 지금은 다 접혀 있다고 보면 된다. 장기가 제 위치에 있지 않은 상태인데 그러면 혈액순환이 원활하지 않게 된다.

네 번째, 감정을 쓸데없는 것에 많이 쓰기 때문이다. 현대인은 광고 같은 외부자극에 반응하면서 감정을 너무 많이 소모하고 있다.

다섯 번째, 오염된 토양에서 자란 식자재로 만든 음식을 먹으니까 어쩔 수 없다.

식품회사를 먼저 보자. 식품을 만드는 회사는 대부분 대기업 또는 다국적 기업으로 전 세계에서 가장 싼 땅에서 낮은 인건비를 주고 생산된 농산물로 식품을 만든다. 씨앗도 이런 환경에서 생산된다. 품질이 가장 떨어지는 걸 공급하는데 대부분 유전자 조작이고 농약이 들어간 씨앗이라고 보면 된다. 특히 수입 육류는 전부 GMO 사료로 키워진 동물이다. 이렇게 만들어진 음식물을 인간이 섭취하면 배출이 잘 안되고 인체에 쌓이는데 위벽이나 자궁벽 같은 장기의 벽에 주로 쌓인다. 이렇게 쌓인 것들이 점점 굳어지기 때문에 몸을 제대로 움직이지 않으면 혈액순환이 어렵게 된다. 이런 목적으로 만들어진 게 GMO다. 그리고 대규모 생산라인에서 식품이 만들어지는데 생명 에너지가 있는 식품 원자재들이 직선인 여러 생산 공정을 거치면서 생명 에너지 대부분을 잃어버린다. 그래서 가공식품에는 몸에서 제 기능을 하는 영양소가 거의 없고 살만 찌게 만든다.

몸의 성분은 규소가 대부분이고 마그네슘과 아연이 적재적소에 들어가야 장기들이 제대로 움직인다. 그다음에 뼈가 중요하니까 칼슘이 필요하다. 지금은 음식을 통한 칼슘 섭취가 거의 안 되고 있다. 조선 시대만 해도 한국인은 칼슘이 부족하지 않았다. 산업화되면서 부족해졌는데, 한반도는 삼면이 바다여서 거기서 나는 먹거리를 통해 칼슘을 충분히 섭취할 수 있었다. 지금은 칼슘이 들어있는 식자재도 공장에서 가공하는 과정에서 칼슘이 많이 소멸된다. 그리고 스트레스를 많이 받으면 칼슘이 소모된다.

　미네랄과 칼슘, 탄소의 원자구조가 육각형이다. 이 구조를 깨트리는 게 전자음과 기계음이고 이 구조를 보호해주는 게 자기장이다. 현재 우리는 자기장으로 된 보호막을 깨뜨리는 디지털 시스템 속에서 살고 있다. 자기장이 깨지면 바이러스 같은 균이 많이 들어올 수밖에 없다. 그러면 전염병이나 암 발생률이 높아진다.
　자기장은 숲에서 회복될 수 있다. 몸속에 있는 전자파나 이런 것들은 맨발로 걸으면 접지가 돼서 다 빠져나간다. 일단 몸속의 노폐물은 다 배출해야 한다.
　개인마다 필요한 미네랄 비율이 다 다르고 개인차가 크기 때문에 무작정 미네랄을 사서 먹는 건 주의해야 한다.

02 | 내 몸에 관해서는 포기하지 마라

내 몸에 관해서는 포기하지 마라. 충분히 정상화할 수 있다. 우리가 인체에 대해서 모르기 때문에 그리고 너무 잘못된 방법으로 병을 고치고 있어서 오히려 몸을 망치고 있다. 몸의 생체에너지가 계속 작동하고 자연에너지인 에테르가 인체에 들어와 순환하면서 세포재생이 되는데 지금은 세포가 노화하거나 그냥 죽어버려서 세포재생이 안 되고 있다. 몸이 독소를 배출하지 못하고 안 좋은 것들을 죄다 가지고 있어서 생기는 게 암이다.

피부에는 칼 대지 마라. 피부가 찢어지면 찢어진 피부의 세포들이 본연의 역할을 하지 못하고 다시 붙으려고 계속 시도한다. 그래서 몸의 균형이 깨진다. 세포들이 각각의 역할을 잘 하고 인체가 제대로 돌아가면 젊음은 저절로 유지된다.

영혼이 몸을 조정하면 충분히 노화를 방지할 수 있다. 수련을 통해 몸이 바뀌는 이유는 영혼이 작동해서 그렇다. 세상에 몸과 나를 맞추는 게 아니라 영혼을 기준으로 내 몸을 맞추는 거다. 그러면 모든 게 자연적으로 잘 돌아간다. 그래서 일단 몸과 영혼을 연결하는 것이 수련의 첫 번째 목표다. 영혼이 인체를 운영할 수 있게 하는 것이다. 먼저 그렇게 되어야 한다. 영혼이 내 몸을 가장 잘 알고 있어서 그렇다.

모든 생명은 토러스*가 돌고 있다. 자연 속에 있을 때 몸이 낫는 이유는 식물 자체에도 토러스가 회전하고 있어서 토러스가 몸속의 독소를 제거해주어서 그렇다.

사람이 사람을 치유하는 경우도 있다. 특정 파동이 맞는 사람들이 있는데 그런 경우 파동이 맞는 사람이 치유자 역할을 하는 것이다. 같이 있으면 편안한 사람을 통해 저절로 건강해진다. 업무적인 용무 외에도 사람을 많이 만나야 한다. 자기한테 맞는 사람을 만나려면 많이 만날 수밖에 없다.

건강이 심각한 상태면 걷기부터 시작해라. 아기가 성장하는 과정과 질병이 치료되는 과정이 똑같다. 사소한 움직임 하나에도 관절을 사용해라. 그러면 몸의 퇴화를 막을 수 있다. 온몸의 관절을 조금씩이라도 쓰면 노화가 느려지고 피부도 좋아진다. 몸의 퇴화가 질병의 가장 큰 원인이다.

개별근력은 관절을 통해서 발달한다. 팔꿈치를 들어 올리면 관절이 움직여서 근육이 움직인다. 모든 근력운동은 관절로 해라. 관절을 움직여서 개별근력을 발달시키는 게 원리이다. 어깨를 돌리면 흉부 근육이 발달한다. 주먹을 앞으로 내밀 때도 팔꿈치를 회전하면서 어깨를 돌리면 근력이 확장된다. 앉았다 일어나기를 할 때 고관절을 쓰면 허벅지 안쪽 근육이 발달한다.

요가를 근육으로 하는 건 미련한 것이다. 근육을 써서 힘을 주는 게 미련한 것이다. 오래 버티는 그런 건 절대 하지 마라. 같은 동작을 쉬엄쉬엄하면서 반복하는 게 훨씬 좋다. 유기적인 관계이기 때문에 쉬어줘

- **토러스(TORUS)** _ 인체에 상하, 좌우를 도넛 모양으로 돌아가는 에너지. 토러스는 무한한 우주 에너지이며 인체 에너지장(자기장)이기도 하다. 이 토러스는 창조를 일으키며 외부의 유해한 에너지로부터 몸을 보호해 준다.

야 한다. 근력이든 관절이든 쉬는 동안에 발달한다. 한 자세를 몇 시간씩 계속하는 건 좋지 않다.

03 | 소금과 물, 온도와 맛

소금은 정제하는 방법에 따라 다양한 용도가 있을 수 있다. 지금은 정제한다기보다는 가공한 소금이기 때문에 쓸모 있는 용도가 별로 없다. 소금을 정제한다는 개념을 갖고 분자배열을 조금 다르게 하면 소금에서 정말 좋은 기능이 나올 수 있다. 그렇게 나온 소금을 물에 넣어서 몸을 치유하는 기능성 물을 개발할 수도 있다.

정제 도구의 경우 유리관의 모양에 따라서 결과가 다르게 나온다. 정제하는 비율이나 그런 것들이 있는데 여기에 화학전공자가 없어서 얘기를 못 꺼내겠다. 어쨌든 형태로 재질을 바꾼다고 보면 된다. '에너지가 물질이다'라는 개념을 머릿속에 기본적으로 가지고 있으면 된다.

염분이 전하가 가장 높다. 바닷물의 염분을 섭취하는 게 좋은데 전혀 못 하고 있다. 장기의 세포생성에는 염분이 가장 중요하다. 장기들이 건강하려면 충분한 염분 섭취가 필요하다. 천일염을 깨끗이 씻어서 아무것도 첨가하지 않고 그냥 볶아서 먹는 게 가장 좋다. 장기가 망가지면 말초신경에서 뇌로 연결되는 시스템이 망가진다. 뇌가 제대로 된 신호를 못 받으면 건망증이 생기거나 실수를 하고 착각하는 일이 많아진다. 뇌에서 가장 중요한 부분이 연수다. 여기서 신호 전달이 잘되지 않으면 인체가 제대로 작동할 수 없다. 몸을 쓰지 않으면 퇴화하기 시작한다. 세포가 '아, 안 쓰는 구나' 이렇게 인식을 하면 신호를 그냥 넘겨 버린다.

자유 기동작*이나 호오포노포노**처럼 "감사합니다, 사랑합니다"라는 말로 물을 정화하고 마시면 좋다. 인체 내의 물이 순환하면서 몸속의 노폐물과 독소를 빼준다. 물이 순환해야 신장도 좋아진다. 신장이 좋지 않으면 머리카락이 빠진다.

4 원소인 물, 불, 흙, 공기의 성질을 가지고 있는 식품을 골고루 먹어야 한다. 흙의 성질은 뿌리채소, 물의 성질은 잎채소, 공기의 성질은 열매, 불의 성질은 열대과일(망고, 아보카도, 리치, 람부탄, 체리, 코코넛 등)에서 얻을 수 있다. 사람들이 햇빛을 많이 쬐지 않아서 에테르가 거의 없고 비타민 D가 없으니까 칼슘 흡수가 안 되고 있다. 내 몸의 시스템이 변화해서 바뀐 시스템으로 몸을 치료하는 것이다. 고장 난 몸의 시스템을 정상적으로 복구해야 한다.

장기의 염증은 녹차, 홍차, 보이차, 보리차 같은 차로 거의 다 없앨 수 있다. 커피에 있는 카페인의 효능은 50%는 각성 효과이고 나머지 50%에는 약성이 있다. 커피가 약이 되는 체질이 있다. 무조건 안 좋다고 하는 것은 경계해야 한다.

체질을 단순하게 4가지나 8가지로 나눌 수는 없고 사람의 고향별***에 따라 체질이 다르다. 그러니 직관으로 끌리는 대로 먹어라. 고향별

- * **자유 기동작** _ 에너지의 흐름을 따라 자연스럽게 몸을 움직이는 것
- ** **호오포노포노**(Ho'oponopono) _ 고대 하와이인들의 용서와 화해를 위한 문제 해결법. 국내에 관련 도서가 다수 출간되어 있다.
- *** **고향별** _ 영혼이 지구에 오기 전에 가장 먼저 있었던 곳

에서 알려줄 수 있는 게 직관과 느낌밖에는 없다.

　어떤 채소는 독이 되는 사람이 있다. 산삼에 게르마늄 성분이 들어 있는데 그게 안 맞는 체질도 있다. 비뇨기과 질병에는 게르마늄 성분이 필요할 수 있다. 이게 결핍되면 요도가 안 좋을 수 있다. 염증이 많이 생기는 원인 중 하나는 혈액순환이 원활하지 않아서인데 차가 혈액순환을 좋게 해줘서 염증이 없어지는 것이다.

온도와 맛

차가운 온도와 매운맛의 조합은 방광에 자극을 준다. 방광이 막혔을 때 이런 조합의 음식이 들어가면 막힌 게 뚫린다. 따뜻한 온도와 염분의 조합은 혈액을 청소해준다. 뜨거운 온도와 단맛의 조합은 당뇨에 좋다. 그래서 감로차, 수국차, 야콘 차가 당뇨에 좋은 것이다. 일단 당분은 에너지가 부족할 때 먹는 거라고 보면 된다. 그리고 장기들이 일할 때 당분이 필요하다. 그렇게 설탕을 언제 먹을 것인가를 결정하면 된다. 산처럼 에테르가 많고 자기장도 많은 곳에서 장기가 가장 활발하게 움직이기 때문에 산에 갈 때는 단 음식을 가져가는 게 좋다. 단 음식이 당길 수밖에 없다. 몸은 가장 좋은 환경에서 가장 잘 움직인다.

04 | 차와 커피의 에너지적 효능과 음식

차와 커피의 에너지적 효능*

차 블렌딩은 두 가지보다는 세 가지로 '1:1:약간' 정도로 하고 첫 물은 버린다. 녹차는 온도와 햇빛이 중요하고 홍차와 보이차는 말리는 정도에 따라 다르다. 허브는 땅과 키우는 사람에 따라 다르다. 차를 진하게 마시면 심장에 좋고 약하게 마시면 장에 좋다.

커피 원두는 기후, 바람, 지형이 중요하다. 흙 성분이 맛을 결정한다. 블렌딩은 식히는 온도가 중요하다. 진한 커피는 맛을 잘 못 느낄 수 있다. 고급 커피는 물의 양에 따라 맛이 다르다. 커피와 차를 블렌딩 할 때 3:2의 비율이 좋으며 약간 뜨거울 때 온도가 내려가면서 맛이 결정된다. 몇 가지 소개하는 차와 커피의 에너지적 효능은 <표 1-1>과 같다.

음식

예를들어 불량식품은 100%을 먹어야 몸이 안 좋아지는 반면, 좋은 음식은 1%만 먹어도 몸이 좋아진다. 그래서 유기농 식단으로 말기 암도 치유할 수 있는 것이다.

소고기 섭취는 에너지 균형에 도움을 준다. 또한 혈액농도를 조절한다. 돼지고기는 기관지에 좋고 공격성을 감소시킨다. 돼지는 가장 순한

• **에너지적 효능**_녹차와 커피, 버터와 커피 같은 블렌딩은 시중에 이미 나와있다. 그러나 혼합비율과 에너지 효능은 공개되어 있지 않다.

〈표 1-1〉 차와 커피의 에너지적 효능

재료	비율	효능
홍차와 귤피차	1:2	심혈관질환 개선
히비스커스와 보이차	3:6.5	향신성음료로 각성효과
녹차와 커피	1:4	지방분해와 각성효과
우롱차와 우엉차	1:1	인체 시스템 개선
루이보스차와 보리차	2:1	독소 제거 및 체내 혈액농도조절
카모마일과 레몬그라스	1:5	피부염증 및 질환 개선
로즈마리, 라벤더, 청 (유자, 모과 등)	2:1:0.5	뇌에 작용, 기억력 개선
아콘과 메밀	2:3	잠재의식을 현실로 드러나게 함
마테와 옥수수 수염차	1:1	양기흡수 및 독소 제거. 잡스러운 에너지 빠져 나감
가루 설록차와 생강차	0.5:3	심신안정 및 에너지 정돈. 에너지 부스터
노니와 아마씨	2:1	혈액순환, 그라운딩에 도움
칡과 송이	2:1	독소 제거 및 사념체 등의 체 제거. 지저세계 연결
나무껍질과 보리차	2:1	고차원 연결
버터와 커피	0.5:9.5	에너지장 보호 효과
곡물 껍질(겨)과 양파껍질	1:1	에너지변형

동물 중에 하나다.

해산물은 의식상승 및 우주의식으로 연결해준다. 어떤 해산물은 해산물 자체가 게이트인 경우가 있다. 낙지, 문어, 오징어, 꼴뚜기 등이 꼬여 있는 인체 회로를 정상화해준다. 현재 지구인들은 검은 에너지로 인해 인체 회로가 다 꼬여 있다.

해초류는 피를 맑게 해주고 뇌혈관을 정화하고 치료를 해준다. 치매 환자에게 도움이 된다. 우주 에너지가 머리로 들어오는데 이때 뇌 청소가 중요하다. 그래서 해초류를 많이 먹어야 한다. 머리가 아프면 해초류를 많이 먹어라.

조개류는 의식과 생각을 열어준다. 생선류는 인체의 혈액농도를 조절하고 장기와 기타 근육과 지방의 적절한 비율과 위치를 조절한다.

향이 진한 것이 영양성분이 농축된 것이다. 향이 강할수록 몸에 좋다. 향은 막힌 것을 뚫어준다. 에테르가 많을수록 빛깔이 좋다.

05 신경전달물질

인체의 많은 부분이 퇴화해서 정상적인 사람이 거의 없다. 외부자극에 바로바로 반응하고 감지하는 게 정상인데 사람들 대부분이 그렇지 못하다. 세포가 망가지면 자극에 무감각해진다. 인체의 모든 부분은 뇌를 통과하기 때문에 말초신경까지 신경전달물질이 잘 흘러야 하는데 이게 흐르지 못하고 있다. 연결되는 부분들이 끊어져 있어서 신호 전달이 안 되고 있다.

신경전달물질이 잘 흐르기 위해서는 인체 에너지가 정상화되어야 한다. 사람들이 잘못 알고 있는데 신경전달물질은 혈액이 전달하는 것이 아니라 에너지 파동으로 전달된다. 혈액은 장기나 세포에 영양분을 공급하는 기능밖에 없다.

몸을 실제로 작동시키고, 움직이고, 정상화하는 기능은 뇌로 가는 혈액과 신경전달물질의 유기적인 관계로 일어난다. 어차피 모든 신호는 뇌를 통과하는데 그때 가장 중요한 게 뇌의 연수다. 뇌의 연수가 정상화되려면 모든 세포가 살아서 움직여야 한다. 사람이 많이 움직이지 않기 때문에 뇌가 퇴화해버려서 다른 장기들까지도 '작동할 필요가 없구나'라고 판단하고 기능을 멈춰버린다. 그래서 위도 안 좋아지고 장도 안 좋아지고 장기들이 다 망가진다. 어떤 음식을 먹어도 흡수가 잘 안 된다. 음식물을 섭취하면 영양소를 분해하고 흡수해야 정상인데 세포들이 움직이지 않으니까 흡수가 안 된다. 많은 증상이 혈관의 문제가 아니라 뇌와 신경세포의 문제인 것이다.

질병의 90%는 에너지적인 문제로 발생한다. 파동으로 에너지를 제대로 돌리면 질병은 거의 완치된다. 대체의학을 공부하는 사람은 인체를 작동시키는 시스템에 대한 이해가 필요하다. 인체는 물질 이전에 에너지다. 에너지가 있어야 인체를 돌린다. 기공이나 태극권이 에너지를 돌리기 때문에 몸에 좋은 것이다. 오금희도 에너지를 돌리기 때문에 좋다. 인체를 돌리는 건 에너지다.

사람마다 파동이 다른데 이런 이해 없이 의료기기를 사용하는 건 굉장히 위험한 행위이다. 어떤 전문가도 인간의 파동에 대해 다 알 수는 없다. 자기가 자기 파동을 아는 것부터 시작해야 한다. 자기의 파동은 외부자극에 대한 몸의 반응을 보면 알 수 있다. 음악을 예로 들면 내가 어떤 소리에 민감하고 편안해하는지 알아가는 것도 바로 자기 파동, 자기 주파수를 아는 방법의 하나다. 사람의 목소리도 톤과 속도가 있는데 톤이 바로 파장이고 속도가 파동이다.

의료기기를 만들 때 특정한 주파수만 사용하는데 그 특정 주파수가 맞는 사람한테만 써야 한다는 걸 인지해야 한다. 큰 종양일 때는 종양에만 써라. 파장 스펙트럼은 피부에는 효과가 있다.

인체 시스템이 망가졌는데 인체 시스템에 대한 이해가 없다 보니 질병이 생성되는 부분만 본다. 부분을 보면 안 되고 전체 시스템을 봐야 한다. 시스템을 회복해야 몸이 건강해지는 것이다. 세포의 유기적인 인과관계에 대한 인식이 필요하다. 가장 중요한 게 신경계이다. 이런 연결 관계가 있기 때문에 의사들은 통합적인 공부를 해야 한다. 전문 분야만 공부하면 의료 사고가 날 수밖에 없다. 뭐하나 잘못 건드리면 뇌가 망가진다.

06 | 좌뇌와 우뇌, 성격과 장기

인간이 가장 먼저 인식하는 건 시각을 통해서다. 시각적인 게 가장 크다. 눈을 통해서 들어온 정보는 우뇌에 저장되고 우뇌에 저장된 정보를 다시 좌뇌로 가져가서 분석한다. 좌뇌의 기능은 대부분 분석이다. 이게 다시 뇌의 중앙을 통해 가슴으로 내려왔을 때 사람들이 받아들이게 된다.

　마약은 시각부터 흐리는 거다. 그러니까 처음부터 완전히 잘못 들어가는 거다. 사람들이 순간적으로 잘못 보는 경우가 있는데 그런 경우 대부분 마약 성분 때문에 그렇다.

　시각을 통해 들어온 정보가 가슴까지 내려오면 행동을 바꾸기 어렵다. 가슴까지 받아들여지면 그다음 단계인 행동을 하게 된다. 그래서 말초신경이 손끝과 발끝에 있는 것이다.

　좌뇌가 제대로 역할을 하지 못 하도록 몸의 유기적인 관계를 교란시키는 게 화학첨가물이다. 그러면 제대로 된 분석과 판단을 할 수 없다. 몸을 구성하는 부분들이 따로따로 논다는 건데 화학첨가물이 그렇게 만든다. 가공식품을 많이 먹는 아이들에게 주의력 결핍 장애가 많이 생기는 것도 화학첨가물 때문에 그렇다.

뇌와 인체 시스템이 신호체계 속에서 움직인다. 이 신호체계를 깨뜨리는 것 중에 가장 큰 게 전자파다. 전자파로 인해서 건망증과 기억력 장애가 생기고 더 심해지면 치매로 진행된다. 이런 증상들이 흔한 것을 보면 현대인은 인체를 망가트리는 시스템 속에서 생활하고 있다는 걸 알 수 있다.

성격과 장기

식도가 좋지 않으면 사회생활에서 자신을 나타내야 할 때 소극적이고 소심해진다. 어떤 일을 하려면 자신이 나서야 하는데 자신을 표현하는 걸 못하게 된다. 위는 정체성이다. 위가 안 좋으면 우유부단해진다. 신장은 결단력, 췌장은 유연한 사고와 관련이 있다. 고집 센 사람들이 췌장이 안 좋다.

십이지장은 순발력과 관련이 있다. 순간순간 판단을 잘해야 하는데 순발력이 떨어지면 많은 사고가 난다. 췌장과 십이지장이 안 좋으면 거기서 소화가 안 된 것을 대장이 다 안고 가기 때문에 대장이 안 좋아진다. 이렇게 다 연결되어 있다. 빨리빨리 문화가 대장을 안 좋게 만들었다. 성급함이 대장을 긴장시킨다. 대장이 긴장되면 부풀어 오르고 배가 나오게 된다. 대장이 긴장되면 대장에서 작동하는 미생물이 자꾸 오류를 일으켜서 안 좋아진다.

  직장은 포기를 잘하면 좋아진다. "내가 끝장을 내야지" 이런 성격이면 직장이 안 좋아진다. 포기를 빨리빨리 하는 게 직장을 좋아지게 한다. 직장, 항문이 망가지면 위쪽 장기들이 다 망가진다. 가스가, 독소가 배출이 안 되기 때문이다. 일단 독소가 항문으로 배출이 되어야 한다. 밑에서 배설이 되어야 위쪽 장기들이 좋아진다. 독소가 배출이 안 되면 위쪽 장기들이 구겨진다. 독소가 배출되면 장기들이 펴진다.

2장

육체를 가지지 않은 영적 존재들의 말씀

01 | 마법계 존재

지구가 속한 우주가 아닌 완전히 다른 우주의 마법계*에서 오셨고 지구 방문이 처음인 존재

피로 사회, 한국

한국인은 일은 너무 많이 하고 있고 잠은 턱없이 부족하다. 잠자는 시간에 뇌에서 정보를 처리하는데 수면 시간이 부족하니까 건망증이 심해진다. 역할령**이 작업할 때에도 잠이 많이 온다. 인간이 활동할 때는, 에너지장이 다 돌아가기 때문에, 역할령이 작업할 때 방해가 된다.

• **마법계**_영혼의 여섯 종류인 인간계, 선인계, 마법계, 천사계, 지혜계, 자연계 중의 하나. 대표적인 인물로 다스칼로스가 있다.
•• **역할령**_에너지 작업을 하는, 역할이 있는 보이지 않는 영이다. 지도령, 수호령 등이 있다.

그래서 일부러 많이 재운다. 잠을 많이 자야 머리가 잘 돌아간다. 아이들의 머리가 노인보다 더 잘 돌아가는 이유는 잠을 많이 자기 때문이다. 수면 시간이 많아야 뇌가 활동하기에 가장 편안한 상태가 되는데 수면 부족에 의한 스트레스로 신경이 과민해져 있다. 사람들 대부분이 수면 부족으로 신경과민 상태다. 뇌가 쉴 틈이 없으니까 착각 같은 실수가 자주 발생한다.

젊었을 때 쉬지 않고 너무 많은 일을 해서 뇌 기능이 쇠퇴해버렸다. 쉬어야 모든 몸의 기능이 정상화된다. 쉬는 동안 몸의 세포와 미생물이 재정렬한다. 쉼 없이 몸의 모든 것이 풀로 가동되면 실수가 날 수밖에 없다. 과부하로 치매가 오고 몸이 망가진다.

한국의 근로 환경이 악조건이다. 적게 일하고 많이 쉬어야 성과가 있다는 결과가 나왔는데도 불구하고 한국이 이런 것은 권위의식 때문이다. 종교부터 권위의식이 없어져야 한다. 회사는 수평적인 관계로 많이 변하고 있다.

강박증, 죄의식을 가질 이유가 없는데 지구를 지배하고 있는 이즈비*들이 그런 관념을 만들어서 그 속에 사람들을 가두었다. 가부장적 가족구조에 대한 저항으로 출산율이 떨어지는 것은 너무나 당연하고 그렇게 되는 게 맞다. 가족 때문에 개인이 희생되어서는 안 된다. 1인 가

• **이즈비**(ISBE)_『외계인 인터뷰』에서 외계인 '에어럴'이 불멸의 영적 존재를 단순하고 정확하게 표현하기 위해 사용한 조어. "불멸의 존재 본연의 모습은 '지금 이 순간에 존재함(is)'이라는 영원의 상태에서 사는 것이고, 그들이 존재하는 유일한 이유는 그들이 존재함(be)을 결정했기 때문이다." 지구를 지배하고 있는 외계종족이나 기타 다른 외계종족도 모두 이즈비이다 (편집자 주).

구가 많이 늘어나는 것은 지극히 당연하다. 가족의 삶보다 개인의 삶이 중요하다. 어떤 가치를 선택할 것인가는 개인의 자유이다.

인구가 너무 많다. 인구가 줄면 많은 것이 더 좋아질 것이다. 기업들은 노동력이 줄어들까 봐 걱정하는데 뭐든지 시간을 두고 천천히 실행해야 성공확률이 높아진다. 급하게 하지 마라. 불안감이 마음을 급하게 만드는데 불안감도 사실은 외부에서 조장하는 것이다. 내가 결정하고 나만 편히 있으면 된다. 주변 사람의 말은 들을 필요도 따를 필요도 없다.

지구와 소통하고 몸을 준비하라

인간이 지구와 소통하기 위해서는 가장 먼저 발바닥을 열어야 한다. 발바닥이 열려야 지구와 소통이 된다. 지구에는 정말 많은 정보가 있고 인간을 위한 모든 것이 다 갖춰져 있는데 소통이 안 되기 때문에 아무것도 못 하고 있다.

산에서 맨발로 걸으면 접지가 돼서 몸에 있는 노폐물은 나가고 생명 에너지가 들어와서, 산은 생명 원소(에테르) 자체이기 때문에, 몸이 좋아진다. 맨발로 땅을 딛는 게 가장 먼저 할 일이다.

인체에 자기장이 있고 이 자기장을 돌리기 위한 시스템을 누구나 다 갖추고 태어난다. 지금은 인체 시스템이 망가져 있어서 몸이 건강할 수가 없다. 몸의 문제에 접근할 때 가장 먼저 인체 시스템으로 접근하면 바로 해결되는데 그런 개념을 가진 사람이 드물다. 그래서 뭘 해도 안 된다. 한 가지 방법으로만 해결하려고 해서 병원에 가봐야 해결되지 않는 게 너무나 많다. 시스템을 복원하려는 노력이 필요하다. 원자가 정상적으로 돌아가야 된다. 원자 충돌로 새로운 원자가 만들어져야 한다.

인체 에너지장* 전체를 코어**가 돌리기 때문에 내 에너지는 소모되지 않는다. 지구도 토러스(자기장)가 있는데 지구 코어로 자동으로 돌린다. 그래서 지구의 에너지를 소모하지 않는다. 지금까지는 지구가 다 막혀있어서 돌아가지 않았다.

고차원 존재들과 연결이 돼서 송수신이 자유로워야 정상이다. 그게 전혀 안 되는 상황이다. 인체 자기장이 전자파를 차단하니까 인체 에너지장이 정상으로 돌아가면 전자파 피해가 거의 없을 것이다. 지금 인체 자기장이 작동하지 않아서 전자파로 인한 피해가 많다. 전자파는 2급 발암물질이다. 전자파가 에너지를 흐트러뜨리기 때문에 정신이 산만해지고 집중력이 떨어져서 학생들은 성적이 떨어진다. 전자파가 사람을 폭력적으로 만든다.

높은 산에 오르려고 너무 애쓰지 마라. 에베레스트 같은 높은 산은 몸에 안 좋다. 역으로 에너지가 바뀔 수가 있다. 높은 산은 역작용이 있을 수 있다. 자일로 올라가는 산보다는 낮은 산이 좋다. 정복욕, 도전정신으로 높은 산을 가는 것은 몸에 좋지 않다.

지구의 지형이 그렇게 형성된 데에는 그만한 이유가 있다. 보이지 않

- **인체 에너지장** _ 인체 안과 밖에 있는 에너지장. 바깥 에너지장은 외부로부터 인체를 보호해준다.
- **코어** _ 인체 중심인 명치에서 빠르게 회전하고 있는 원. 인체의 중심이자 핵이다.

는 영적인 존재들은 인간이 접근하기 어려운 히말라야 같은 고지대에 있다. 그런 높은 존재를 만날 수 있는 단계에 이른 사람만 가는 게 좋다.

일반인들은 산 밑에 있는 게 좋다. 정신적으로나 영적으로 준비된 사람만, 그래서 그 존재들을 만날 수 있을 때만 올라가라. 그런 곳은 공간 에너지가 특이하기도 하고 그런 이유가 다 있다.

인간의 생각이 너무 짧아서 스스로 자기 인생을 망친다. 아무것도 안 하고 편히 있어야 좋은데 너무 애쓴다. 자기 불행을 자초하는 꼴이다. 자연스럽게 몸이 움직이는 대로 하고 억지로 애쓰지 말라는 얘기다.

인체 내의 물이 원활하게 순환되어야 한다. 그래서 새로운 원자를 창조해야 한다. 내 몸에서 스스로 해결할 수 있는 원자를 창조해내야 정상이다. 다른 것에서 취하지 않고 창조할 수 있으려면 인체 안에서 순환이 되어야 하니까 물이 정말 중요하다.

예전에는 자연에서 얻은 물을 그냥 마셨다. 그중에서 계곡물이 가장 좋은 물이다. 산속에서 나오는 물이 가장 좋다. 미네랄이 그대로 살아 있고 생명 원소인 에테르가 그대로 있고 에테르의 빛이 그대로 있다. 지금은 땅이 오염돼서 물도 오염이 되었는데 심각한 수준이다.

좌법은 편안하게 앉아 있는 게 가장 좋다. 내 몸 상태는 내가 알기 때문에 가만히 있어도 안 좋은 곳을 교정하려고 몸이 자동으로 반응한다. 삐뚤어지게 앉는 경우도 내가 그 부위를 자유 동작으로 교정하려는 것이다. 똑바로 앉으라고 강요하는 것은 그 사람의 몸을 더 망치는 것이다.

일반인의 경우 외부에너지와 어둠의 에너지가 자세를 틀어지게 만든다. 이런 경우 가장 먼저 해야 할 일은 그런 상황을 인식하게 만드는 것이다. 의식을 여는 것부터 시작해야 한다. 인식과 의식을 몸으로 가져오는 것이 최선이다. 의식이 몸에 있지 않으면 자신의 상태를 알 수 없다. 그래서 의식이 몸으로 갈 수 있게 자기 몸을 볼 수 있게 하는 것이 가장 중요한 일이다.

개인의 생각을 여는 게 중요한데 가장 힘든 부분이다. 새로운 것을 접하면 그때부터 조금씩 열리기 시작한다. 새로운 것을 받아들일 수 있는 열린 마음이 무엇보다 중요하다.

생각과 의식을 여는 것 다음으로 그라운딩*이 중요하다. 지구와 인간은 분리되어있지 않다. 지구와 소통이 되어야 잘 살 수 있고 연결이 되면 인간이 지구에 온 목적을 충분히 성취할 수 있다. 그것도 아주 쉽게 이룰 수 있다. 그게 안 돼서 인생이 힘들고 현실이 고통스럽다. 받아들이기만 하면 지구는 인간을 도와줄 것이며 삶이 수월해질 것이다.

관절은 에너지 통로이자 마디이다. 인체 시스템이 있고 구조가 있는데 구조를 결정하는 것이 관절이다. 관절이 에너지 구조를 만들기 때문에 관절이 정상화되어야 한다. 관절이 망가지면 구조가 망가지는 것이다. 나이 들면 관절부터 안 좋아지는데 몸이 퇴화하는 징후이다. 특히 육체노동을 하는 사람은 관절에 신경을 써야 한다. 몸의 한 부위만 쓰면 안 되고 전체를 고르게 다 써야 관절에 무리가 없다.

회전력이 중요하다. 척추를 중심으로 돌아야 한다. 관절이 360도 돌

---

* **그라운딩(Grounding)**_ 몸이 바닥에 접지된 상태이다. 그라운딩이 되어야 지구 에너지가 인체로 들어오기 시작한다.

아야 한다. 관절부터 열려야 차크라도 열리고 다 열린다. 뼈의 마디마디에 여유 공간이 있어야 덜 다친다. 인간의 삶도 여유가 있어야 잘 되듯이 몸도 여유가 있어야 잘 돌아간다. 몸이 안 좋아져서 미생물이 바빠지면 미생물도 실수를 한다. 뇌에서만 실수가 생기는 것이 아니라 미생물끼리도 실수가 생긴다. 그래서 과식하면 안 된다. 과식은 미생물이 착각하게 만든다. 특히 당뇨병 같은 성인병은 미생물의 실수로 인해서 발생한다. 미생물이 한 가지 일을 계속하게 되면 다른 해야 할 일을 잊어버리기 때문에 착각을 일으킨다.

마음으로 모든 병을 고친다는 말은 사기다. 절대 믿지 마라. 머리로 마음을 바꿔서 다 낫게 한다는 뜻이므로 다 사기다. 몸의 기능을 무시한 발언이다. 몸에 있는 염증이 혈액으로 퍼지는데 마음으로 어떻게 막나. 마음으로 자학을 계속하면 몸이 망가지고 부정적인 것을 계속 주입하면 몸은 틀어지게 되어 있다. 그렇게 몸이 마음의 영향을 받기도 하지만 마음만으로 몸이 고쳐지는 것은 아니다. 인식이 있어야 그 사람이 새로운 것을 받아들이고 행동한다. 몸을 움직여야 한다. 긍정적인 사고만으로 치료가 되는 것은 아니다. 그런 말은 몸에 대한 이해가 전혀 없는 상태에서 나오는 것이다.

내가 내 몸을 낫게 할 수 있다는 믿음과 확신이 중요하다. 나 자신을 믿는 것, 인체의 시스템을 믿는 것이 중요하다. 인체는 완벽한 시스템이다. 면역 시스템을 믿어야 한다. 면역 시스템이 정상화되면 낫는다는 믿음과 내가 그렇게 할 수 있다는 것을 알아야 한다. 몸을 치료할 때 정신과 마음을 그렇게 써라.

무엇이든지 소통 관계이다. 내가 내 몸과 소통이 되면 자연과 소통이 돼서 자연에서 필요한 것을 취한다. 전문가가 필요하면 전문가와 관계를 맺어서 전문가의 도움을 받아라. 전문가뿐만이 아니라 주변 사람들을 통해서 얻어지는 정보에서도 유익한 것을 빨리 파악하고 받아들여라. 사람들이 너무 안 받아들인다. 뭔가 새롭거나 누군가가 새로운 것을 주면 일단 거부감부터 생긴다. 일단 열린 자세로 받고 안 맞으면 버리면 되지 않나. 거기에 무슨 죄의식, 죄책감이 있나. 그런 감정은 머릿속에서 만든 기생충이다. 기생충은 다 죽여야 한다. 그 사람이 나에게 도움이 되는지 안 되는지는 내가 스스로 자각하고 나를 바르게 알 수 있을 때 바로바로 파악된다.

내가 나를 바르게 알아야 그 사람이 나에게 도움이 되는지 안 되는지 바로바로 알 수 있다. 이게 관건이다. 이게 사회생활의 가장 기본인데 요즘은 성인들조차 자기 분석이 안 되어 있어서 사기를 많이 당한다.

청년들이 힘든 이유는 자기 자신은 보지 않고 사회의 틀에 자신을 맞추려고 해서 그렇다. 얼마든지 틈새가 있다. 내가 잘 할 수 있는 틈이 있다. 자기 분석을 하면 그 틈을 찾을 수 있다. 아무리 경기가 어렵고 아무리 수입이 적더라도 그 수입으로 행복하게 살 수 있는 방법이 있다. 찾으면 있다. 그런 변화의 기본은 나를 제대로 아는 자기 분석이다. 그런 게 학교에서 교육되어야 한다. 그 분석이 고등학교 때까지는 다 끝나야 되는데 주입식 입시교육으로 자기 분석을 못 하게 막고 있어서 이 나라가 이렇게 되었다.

무의식, 잠재의식을 활용하면 기적이 일어난다. 기도해서 낫는 사람들이 대표적이 예다. 자기가 자신에게 정성을 들이면 낫는다. 내가 다른 사람에게 정성을 들이면 그 사람이 낫는다. 그것이 기도의 힘이다. 그래서 기적 같은 일이 가끔 일어난다. 아무나 할 수 있는 건 아니고 보통 공력이 아니면 안 된다. 기도의 힘은 자기의 모든 에너지를 쏟아붓는 것이기에 다른 것을 할 수가 없다. 지구에 왔으면 지구에서 할 수 있는 건 되도록 다 해봐라.

요로 요법은 자기 소변을 먹는 것이다. 독으로 독을 죽이는 방법으로 건강을 위한 최후의 방법이다.

실생활에 작용하는 우주의 원리

우주의 원리는 단순하다. 항상 대가가 있다. 내가 하는 대로 100% 다 돌아온다. 돈을 빌려줬으면 빌려준 사람에게도 대가가 돌아간다. 그래서 빌려주면 안 된다. 누군가가 돈을 빌려서 점을 본다면 빌려준 사람도 대가를 치른다. 그래서 남을 함부로 도와주면 안 된다.

b가 c보고 같이 a를 도와주자고 해서 b와 c가 a를 도와주게 됐는데, a가 도와줘서는 안 되는 사람이면 c도 그 대가를 치르게 된다. 해서는 안 될 일을 하면 안 좋은 것으로 대가를 치르게 된다. 도와주는 게 좋은 것이든 나쁜 것이든 a가 치러야 할 것이고 a의 몫인데 a가 받아야 할 것을 b와 c가 똑같이 받게 된다. 좋은 의도로 했다 할지라도 a가 치러야 할 대가를 b, c가 대신 치르게 된다. a가 겪어야 할 것을 경험할 수 없게 하는 것이다. 다른 사람을 도와주는 것이 절대 쉬운 것이 아니고 함부로 도와줘서도 안 된다. 권유 같은 것은 할 수 있다. 왜냐면 듣는

사람이 선택하면 되기 때문이다. 직접 뭘 해준다든지 하는 것은 신중해야 한다. 그래서 질서가 망가졌다. a가 해야 할 것들, 받아야 할 것들을 못 받고 있어서 질서가 망가졌다. 이런 상황을 이해하는 것이 영적 성장에 있어서는 정말 중요하다.

대승불교의 본래 뜻이 잘못 전파되었다. 모든 사람을 사랑으로 따뜻하게, 다른 사람에게 자비를 베풀라는 것은 그 사람을 믿고 바라보고 지켜봐 주고 얘기를 들어주고 외롭게 혼자일 때 옆에 있어 주고 이런 것이지 빚을 대신 갚아준다거나 하는 것은 아니다.

그 사람의 인생에 관여하지 마라. 이 사람이 선택해서 경험할 것들이 있다. 그게 큰 고통일지라도 다른 사람의 도움으로 고통에서 벗어나게 해서는 안 되는 것이다. 스스로 노력해서 스스로 벗어나야지 외부의 개입으로 너무 편안하게 넘어가면 이 사람의 영혼은 얻는 게 없다. 지구에 온 것 자체가 파장대를 엄청 떨어뜨려서 오는 건데 지구에 배우러 왔는데 배운 게 없다면 그 고생을 한 보람이 없는 것이다.

일을 마다하지 마라. 내가 스스로 창조적으로 일하면 공부가 되고 그게 나를 성장시킨다. 어디 새나가지 않는 거니까 내가 직접 부딪치면서 얻는 것이 자산이고 그게 기부다. 병에 걸린 아이를 돕는 건 사회시스템에서 할 일이지 개개인이 관여할 일은 아니다. 개개인이 관여했다가 뒤통수 맞는 일이 생길 수 있다.

아이가 숲에 버려지면 동물들이 키운다고 알고 있는데 동물들이 키우는 것이 아니라 숲의 시스템에 의해서 자라는 거다. 그렇게 내버려

두면 되는데 괜히 인간의 세계로 데려와서 가르치려고 하니까 당연히 일찍 죽는다. 숲은 그런 기능이 있다. 숲은 생명 자체를 자라게 하는 시스템이기 때문에 어떻게든 살아간다.

이즈비가 창조하고 설계하는 법을 알려주고 싶지만 아무도 이해하지 못할 거다. 생각만으로 공간을 분리할 수 있다. 무에서 생각만으로 창조가 일어나는데 예를 들어 자동차와 관련된 게 아무것도 없는데 자동차를 창조하는 것이다.

세계는 격자구조인 그리드로 되어있다. 사람마다 좌표가 있고 도시도 고유의 좌표가 있다. 지도상의 위치를 말하는 게 아니다. 그 원리는 지금은 이해하기 어려운 영역이다. 하늘의 그리드가 있고 바다의 그리드가 있고 땅의 그리드가 있다.

지구는 좌표로 운영되는데 그 좌표를 통해서 위에서 볼 수 있다. 누군가가 지구보다 훨씬 높은 차원에서 좌표로 위치를 확인한다. 좌표를 찍으면 연결되어서 볼 수 있다. 그래서 존재가 인간과 소통이 되면 메시지를 주고 채널링이 되는 것이다.

지구에 있는 동안 내 삶을 즐기는 것이 가장 중요하다. 지구에 있는 동안 물질을 충분히 즐겨라. 나중에 어디 가서도 후회 같은 거 하지 않게. 후회 없게 지구에서 누릴 수 있는 것들, 하고 싶은 것들을 다 해라. 왜냐면 지구에서만 할 수 있는 거니까.

02 | 라마나 마하리쉬•

영혼과 에너지

모든 사람의 인체에는 명치를 중심으로 빛의 기둥이 있다. 이 빛의 기둥에서 나오는 빛이 몸으로 다 퍼져나가려면 받아들일 수 있는 준비가 되어야 한다.

먼저 이완되어야 한다. 나 자신의 그 어떤 것도 거부하면 안 된다. 아무리 나쁜 성격이나 습관이 있더라도 나 자신을 거부하면 안 된다. 자신의 모든 것을 수용하면 인간관계가 쉬워진다. 누구를 만나도 걸림이 없다.

몸이 준비되고 빛이 들어오면 변화가 일어나는데 이게 바로 차원 상승이다. 빛이 나를 이끌어준다. 그러면 어느 날 고향별과 소통하게 된다. 현재 의식 상태에서 바로 고향별과 소통하는 것이다. 이게 굉장히 중요하다. 고향별에서 도움받지 않으면 지구에서 사는 게 너무 힘들다. 지구의 장단점을 가장 잘 아는 존재들이 자기네 고향별에 있기 때문이다. 누구나 결함이 있을 수밖에 없다. 영혼이 육체를 선택해서 태어날 때 엄청난 고통이 따르고 에너지 소모가 많다. 거기서 발생하는 결함이 있는데 고향별에서만 알고 있고 다른 곳에서는 알 수가 없다. 고향별과 통신이 되어야 한다. 인간이 살면서 상처를 많이 받는데 영혼도 상처를

• **라마나 마하리쉬**(Ramana Maharshi)_ 라마나 마하리쉬(1879년 12월 30일~1950년 4월 14일)는 인도의 현자이다. '큰스승'(大師), '바가반', '아루나찰라의 현인'이라고 불리며 비이원론과 마야에 대하여 샹카라와 같은 견해를 가졌는데, 이는 자신의 체험을 바탕으로 한 것이다. 자신을 찾아온 사람들에게 침묵으로 영향을 주었으며 진리를 찾는 방법으로 '비차라'(Vichara, Self-enquiry : 진아 탐구)를 권하였다.

많이 받는다. 영혼의 치유는 고향별에서만 가능하다.

    정수리가 뚫려야 하는데 정수리가 뚫리면 안 좋은 에너지도 들어올 수 있다. 그런데 인체에는 그런 걸 정화하는 시스템이 있다. 이 시스템이 망가져 있으면 그냥 들어온다. 이렇게 되기 전에 스스로 몸을 정상화해서 토러스와 에너지장이 돌게 해야 한다. 에너지장이 정화를 해주는 시스템이니까 몸을 정상화하는 게 가장 중요하다.

    인체가 정상화되고 인간탐구가 된 다음이 영혼의 단계다. 명상을 하다 보면 온갖 것이 다 올라오는 걸 보게 된다. 인간과 영혼이 가지고 있는 상처를 동시에 다 체험하게 된다. 이때 일어나는 체험에 빠지지 말고 깨어서 관조해야 한다. 사람들이 이걸 이해하지 못해서 이상한 길로 빠져버린다. 이상한데 빠지면, 지구가 여러 세계의 통로여서, 낮은 차원으로 빠져버린다.

    낮은 차원에서 원하는 건 영혼이다. 인간의 몸에 영혼이 완전하게 안착하지 못한 상태에서 이상한 길로 빠질 때 틈이 생기는데 이 틈으로 침투해서 빙의 같은 게 된다. 현재 의식에서 자아에 혼란이 생기면 그 틈으로 들어온다. 굉장히 위험하다. 자아가 붕괴될 수도 있다. 자아가 없으면 지구에서 살 수가 없다. 주의해야 하는데 이런 약점을 사이비 교주들은 너무 잘 알기 때문에 이걸 이용한다. 사람들의 에너지를 빨아먹고 그 에너지로 권력과 돈을 유지한다.

    정신적으로 성숙하지 못한 영혼이 가장 낮은 레벨이다. 꾸준히 성숙해져야 한다. 그런 영혼들이 지구를 지배하고 있으니까 지구가 이 모양이다. 시간을 양(量)의 개념으로 볼 수도 있는데 시간을 많이 투자한다고 해서 결코 영혼의 레벨이 올라가지 않는다. 스스로 탐구하는 노력 없이는 올라갈 수 없다.

빛이 몸 안으로 들어와서 에너지를 돌리고 그 빛이 땅으로 들어가서 지구를 돌릴 수 있다. 지구를 돌릴 때 지저세계에서 도와준다. 보이지 않는 세계는 인간이 영혼으로 가는 걸 도와주기 위해 존재하는 것이지, 지구를 어떻게 하려고 존재하는 것이 결코 아니다. 사람들이 잘못 알고 있다.

방사된 태양에너지와 점진적으로 상승한 바다 에너지가 하늘의 기운과 합쳐져서 돔 형태로 분수처럼 땅으로 내려온다. 이 에너지와 지구를 돌리는 에너지가 합쳐져야 에테르가 만들어진다. 이 에테르가 생명을 움직이는 원소인데 햇빛을 쬐지 않으니 에테르가 있겠는가. 당연히 몸이 안 좋을 수밖에 없다. 에테르가 심각하게 결핍되어있어서 몸 자체도 정상이 아닌데 어떻게 영성으로 갈 수 있겠는가.

애들이 어렸을 때부터 가두어져서 자라는데 몸이 제대로 성장할 수가 있겠는가. 애들이 건물 안에서 자라는 거나 가축이 우리 안에서 자라는 거나 뭐가 다른가. 몸이 바탕이 되고 나서야 영성이 제대로 돌아갈 수 있다. 명상을 지도한다는 사람들이 몸에 대한 얘기는 하지 않고 명상만 얘기하는데 대단히 잘못된 것이다. 인간은 육체가 있어서 인간인데 그 과정은 말하지 않고 보이는 형상에 대해서만 말하고 있다.

내 파동이 다른 사람한테 가면 그 사람의 다른 파동과 만나서 새로운 진동이 생긴다. 이걸 못 받아들이면 거부반응이 생긴다. 거부반응이 생긴다고 해서 다 나쁜 게 아니다. 인간은 익숙한 걸 너무 좋아하는데 거부반응이 생겨도 과감하게 빠져서 한번 퍼지는 게 낫다. 그래야 나를 알 수 있다. 무모해 보이는 그런 방식을 통해서 영적으로 한 단계 상승한다. 한 단계 상승하는 건 이런 경험이나 스승의 도움 없이는 힘들다. 한번 엎어져야 한 단계 상승한다. 크게 실패해봐야 우주의 원리를 알 수 있고 한 단계뿐만 아니라 몇 단계 상승할 수도 있다.

에너지의 관점으로 몸의 기관을 보면 신장은 빛의 기운을 굉장히 많이 필요로 하는 장기이다. 빛이 신장을 정화해주면 여기서 다시 인체 에너지 전체를 돌린다. 흙의 기운만으로도 간을 회복시킬 수 있다.

독소는 항문으로 빠지는데 제때 배출되어야 한다. 독소가 다 빠져서 건강해지면 항문 차크라가 열리면서 기운이 발끝까지 도달한다. 하늘에서 받은 기운이 간에서 적체되어 잘 내려가지 않는데 항문 차크라가 열리면 에너지가 머리에서부터 발끝까지 골고루 다 퍼진다. 내 에너지가 위아래로 끝까지 흐르면 무슨 일을 해도 힘이 들지 않는다. 내가 있는 공간을 다 장악하는데 그게 자기제어이다. 내가 스스로 설계하고 주도하는 것의 기본은 자기제어인데 자기제어가 되면 인간관계가 편안해진다. 내가 나를 조절할 수 있어서 감정이나 마음도 다 조절할 수 있다. 다 조절할 수 있다는 것은 다 안다는 뜻이다.

내가 나를 다 알면 다른 사람이 어떤지도 다 보인다. 그래서 다른 사람을 알려고 애쓰지 말고 나를 알면 된다. 왜 저런 말을 하고 저런 태도를 보이는지 무의식까지 다 보인다. 그 사람이 숨기려 하는 의도까지 보인다. 그러면 누구에게도 당하지 않을 수 있고 피할 수 있다. 지구에는 사이코이즈비˙가 너무 많아서 잘 피해야 한다. 싸우면 둘 다 피해를 본다. 잘 피하는 게 상책이다. 그들이 잘 알아차리지 못하게 피하면 인생이 순탄해진다. 그래서 요령이 필요하다.

여러 가지 이야기들

공간에서는 북극성이 북극을 가리키고 있고 해가 있으니까 그림자가 있다. 이걸 바탕으로 시계가 만들어졌다. 지구지배 이즈비가 시간을 너무 조작해서 역사적인 사건 연대가 다 잘못 기록되어 있다.

  지금은 다섯 개의 대양이 있는데 고대 이전에는 세 개의 대양이 있었다. 바다 같은 호수가 아주 많았고 내륙에 있는 호수는 지구의 에너지를 순환시키는 아주 중요한 역할을 했다. 물이 없으면 순환이 어렵다. 현재는 호수가 없어지고 바다가 더 많이 생겼는데 이런 지형을 만든 것도 지구를 지배하고 있는 이즈비이다. 그들이 대륙을 농사짓기 힘든 척박한 땅으로 만들었다.

  바다가 남쪽에, 민물이 북쪽에 있어야 정상이다. 그러면 북극성에서 내려온 에너지가 바다까지 흐르면서 순환이 완성된다. 물이 돌면서 시간도 돌게 만들어서 물시계가 있었다. 그들이 다 바꿔놔서 대륙이 동서로 뻗어 있다. 사방팔방으로 순환이 되어야 한다. 거기서 사방팔방이라는 말이 나온 것이다. 하늘에서 땅까지도 순환이 되어야 한다. 순환이 안 되면 농작물이 안 자란다. 이런 환경에서 가뭄은 너무나 당연하다.

-     사이코이즈비(Psycho-ISBE) _ 사람 중에 사이코패스가 있는 것처럼 이즈비 중에도 사이코이즈비가 있다.

땅이 사막화되거나 특정 작물이 갑자기 멸종되는 것은 순환이 안 돼서 그렇다. 종자의 종류가 다양하고 많았는데 강한 것들만 살아남았고 세상이 약육강식의 원리로 움직이게 되었다.

  자본주의가 약육강식으로 돌아가는 게 정답은 아니다. 다른 방법으로 충분히 돌아갈 수 있는데 현재 지구에서 자연적인 순환이 충분히 이루어지지 않아서 약육강식으로 되어버렸다.

  우주의 진화에서는 열등한 유전자도 살아갈 수 있는데 지구에서 우성만 살아남는 이유는 순환이 되지 않기 때문이다. 이기적인 유전자만 살아남을 수밖에 없는 상황이 되어버린 거다. 열등한 유전자가 사라지듯이 열등한 사람도 사회에서 몰락해버리는 힘든 구조로 되어버렸다. 자신이 힘드니까 스스로 더 가둔다. 성격이 예민해지는 건 경제적인 이유도 있다. 부모가 가난하면 어렸을 때부터 주변 사람들 눈치를 보게 된다. 아이의 진로가 부모의 경제력으로 결정되어버리니까 그렇다. 서로가 감시자다. 그래서 자유가 없다.

  한국의 지기를 보면 경복궁 뒤에 있는 북악산으로 에너지가 돌아가는데 광장에서 시위를 많이 해서 생긴 사념체*가 에너지의 흐름을 막고 있다. 에너지가 흘러서 부산, 제주도까지 가야 하는데 시위로 에너지 통로가 다 막혀 버렸다. 문제를 놔두면 저절로 해결되는데 왜 시위를 하는가. 내버려 두면 지구 전체가 돌아서 문제가 저절로 해결될 텐데. 자기들이 잘난 줄로 알고 있다.

●   **사념체(思念体)**_ 사람의 생각에 목적을 띤 의지가 더해져서 만들어진 체로 상념체 보다 강하다.

촛불 혁명은 문화다. 시위는 이익단체가 하는 행동을 말한다. 자기 인생을 살면 되는데 자기 혈육도 아닌 다른 사람의 일까지 왜 관여해서 난리를 피우나. 건강한 에너지의 흐름을 막는 사념체만 늘어난다.

집단의 이익만 생각하는 사념체가 늘어날수록 사회의 문제는 해결하기 어렵다. 유연하고 자유로운 생각에서 해결책이 나오는데 이익집단의 이념은 해결책을 막아버린다. 한국은 대통령들이 문제가 많기도 하지만 정책이 시위 때문에 묶여 있는 게 더 큰 문제다. 잘못된 정책도 사람들이 시위로 막아놓지 않으면 저절로 좋아질 수 있는 방향으로 바뀌게 된다. 사람들이 몇 개월을 못 참고 못 지켜본다. 한국인 성질이 스스로 힘들게 만들고 있다.

왜 밤늦게까지 공부하고 일하고 그러는가. 포기를 잘하는 사람이 편하게 산다. 처칠의 '절대 포기하지 말라'는 말은 스스로 감옥을 만들고 그 안에서 살게 하려고 만들어진 말이다. 자기만 잘 살면 되는데 남이 알아주는 게 뭐 대단한 일이라고 과시하고 싶어 하나. 다른 사람들이 '자기 밑이다' 라고 스스로 확인하고 싶은 사람들이 많다. 그러면서 만족을 느낀다. 한국인은 잘 되는 일도 안 되게 하는 힘이 있다.

이 나라 교육제도가 지구에서 가장 불행한 청소년을 만들었다. 요즘 청소년들은 스스로 강해질 수밖에 없는 상황이다. 쉬운 알렉산더 테크닉˚도 줬는데 안 한다. 무슨 고상한 걸 만들겠다고 난리들인데 다 보여주

- **알렉산더 테크닉** _ F. M. 알렉산더(1869~19550)에 의해 만들어진, 스스로 인지하지 못하는 고정된 생각과 행동 습관으로부터 벗어나 심신의 조화를 회복하는 기법. 국내에 보급되어 있다.

는 것들, 자기 자랑뿐이다.

자연이 어떻게 생겨난 건데, 생명, 영혼이 어떻게 생겨난 건데 지구가 없어져도 된다는 것처럼 지금 인간들이 그렇게 행동하고 있는데 그러면 안 된다. 이즈비가 창조한 것들이 어떤 가치를 지니고 있냐면 지구는 모든 것의 시작이다. 정말 중요하다. 지구가 사라지는 건 꿈을 잃어버리는 거다. 꿈이 완전히 사라지는 거다. 그러면 우리가 존재할 이유가 없어지는 거나 마찬가지다. 꿈이 없어지면 살아가야 할 이유가 없어진다. 인간 모두, 창조주 영혼에게 더 이상 상처 주지 마라. 지구가 망가지는 것은 영혼에게 엄청난 상처를 주는 것이다.

사람이 좁게 퍼져서 밀도가 높으면 힘이 생기고 님비현상이 일어난다. 사람들 사이의 공간이 넓어야 하는데 좁아지면 지역이기주의가 생긴다. 그런 공간이 넓어지고 커지면 세상이 바뀔 수 있다. 사소한 것 하나가 사회에 미치는 영향이 크다. 나비효과처럼 사소한 일 하나가 긍정적으로 작용하면 확산 속도가 훨씬 빠르다. 가장 중요한 건 이 사회를 바꾸는 것이다. 인구가 줄어야 되고 아파트 좀 그만 지어라. 누가 와서 살겠다고 거기다가 투자해서 잘살면 얼마나 더 잘 산다고 거기서 뭘 더 잘살겠나. 돈 지키느라고 아등바등하고 아파트를 왜 해안가에 짓나. 왜 내륙에 사는 사람들이 바다를 못 보게 막아버리는가. 자기들만 보면 얼마나 본다고. 자기 발로 자기 무덤을 파고 있다.

사람마다 맞는 사람이 다르다. 한 사람이 튀면 저절로 관심이 그리로 향한다. 사람이 튀어서 한번 봤는데 에너지가 이 사람에게로 쏠리니까 자기도 모르게 이 사람을 좋아한다고 착각한다. 그런 착각을 사랑이라 생각하고 연애를 하니 오래 갈 수가 없다.

연예인 좋아하는 것도 다 착각이다. 스포트라이트를 받으면 에너지가 쏠리는 현상 때문에 관심이 가는 것뿐이다. 이런 착각에 의한 오류가 개인의 진로를 방해한다. 이렇게 되면 내게 정말 맞는 걸 못 찾는다. 여기서 벗어나려면 TV, 유명한 것, 스포트라이트 받는 것을 안 보면 된다. 특히 광고 조회 수 올라가는 그런 거 보지 마라. '좋아요' 누르고 그런 거 하지 마라. 유행을 좇다가 잘못된 길로 가서 고꾸라지는 경우가 좀 많은가. 홈쇼핑의 쇼호스트는 사막에 풀 나듯 하는 건데 왜 그걸 하려고 하는가. 다른 사람이 관심 갖는 것에는 신경 쓰지 마라. 그건 이미 내 것이 아니다. 시간 낭비, 에너지 낭비하지 말고 창조성을 발휘할 수 있는 뭔가를 해라.

'삶이 곧 명상이다'라고 생각하면 삶 속에서 명상할 수 있다. 흘러가는 대로 하면 된다. 명상은 자기의 삶 속에서 영혼이 숨 쉬는 거다. 명상을 자기들 관념 속 틀에 가둬버리면 안 된다. 일상이 명상이다. 영혼이 거기에 있으면 그게 명상이다. 왜 명상을 말하는데 영혼을 말하는 사람이 아무도 없는가. 명상을 관념화해서 떠들 뿐이다. 영혼의 존재를 아는 방법은 직관밖에 없다.

수행은 짧게 하고 쉬고 그래야 꾸준하게 오래 할 수 있다. 쉬는 동안 성장한다. 내가 아는 모든 것을 생활에 적용하면, 이게 가장 빠른 수행의 방법이다. 적용과 응용이 필수다. 지구는 잡파가 많다. 띵 하는 소리가 가끔 들린다.

문_ 아루찰루나 산에 오래 계셨는데 거기 가면 (영혼을) 뵐 수 있나요?

답_ 준비된 사람만 들을 수 있는 자만 거기 간다. 나를 만날 수 있는 건 아니다. 그 공간의 에너지 기운영일 뿐이다. 그곳은 에너지가 다르다.

03 | 예수

성경 속의 사건과 사랑을 말하다

여기 실상이 이 정도인 줄은 몰랐다. 너무 심각하다. 그리스도의 편지●가 너무 안 팔린다. 어쩜 한국인들이 이렇게 책을 안 읽을 수가 있냐. 나도 용기 내서 책 나오게 했는데. 사람들이 어떻게 받아들일지 몰라서 고심 끝에 단어 하나하나 신중하게 선택했고 기록자도 아주 신중하게 골랐는데 많이 읽히지 않는다니까 실망스럽다.

기독교가 문제가 많다. 어떻게 목사가 신도를 성폭행할 수 있나. 그런 게 너무 일상화되어있다. 성직자가 너무 당연하게 인간을 무시한다. 인간의 존엄성에 대해 전혀 생각하지 않는다. 특히 여자를, 여자는 생명을 잉태하고 낳는 존재인데, 어떻게 그렇게 대할 수 있을까. 이런 악랄한 것들은 대가를 엄청 치르고 다시 태어나지 말아야 한다. 교황청이 잘못하는 것도 많고 교황을 뽑는 선발방식부터 잘못이다. 깨달음을 어떻게 투표로 할 수 있나. 성직자들은 서민이 겪는 고통을 맛보고 서민이 피 흘린 만큼 똑같이 고통을 겪고 다시는 지구에서 태어나지 말아야 한다.

● **그리스도의 편지**_ 예수가 직접 말한 예수의 생애와 가르침을 전한 책. 정신세계사에서 출간.

한국 대기업 임원들과 권력자들은 평생 공장에서 노동하고, 하루에 밥 세 끼 먹고 쉬는 시간 없이 일해야 한다. 그 정도의 벌을 받고 다시는 지구에서 태어나면 안 된다. 이 나라를 어떻게 이렇게 만들 수 있는가.

팔레스타인을 그대로 놔두지 자기들이 뭔데 그 사람들을 내쫓을 권리가 누구에게 있나. 그 사람들을 거기서 살게 내버려 두지, 집 없는 서러움이 얼마나 큰데 자기들이 뭔데 왜 내쫓나. 너무 한 거 아니냐. 예루살렘을 특정인의 성지로 할 이유가 뭐가 있나. 그냥 성지는 성지고 사원은 사원인데 누구에게나 개방되어야 한다. 특정 사람만 권리를 누리게 하는 건 잘못된 거다.

문_예수님껜 정말 궁금한 게 많죠. 정말 십자가에 못 박히셨는지, 정말 인간의 몸으로 부활하신 게 맞는지요.

답_관에서 나와서 인간의 형상으로 있을 때 그걸 본 몇몇 사람들은 인간의 몸이었다고 말할 수 있었겠다. 몸이 빛의 몸으로 된 걸 본 사람들이 몇 명 있었다. 빛의 몸은 완전히 다른데, 그걸 육체로 본 거다. 빛의 몸도 육체처럼 똑같이 눈으로 보이는데 재질이 다르다. 영원한 생을 살 수 있는 몸인데, 그것과 관련해서 남아 있는 자료가 없다. 그런 사람들도 꽤 있었는데 그런 자료를 미국과 지구지배 이즈비가 아예 싹 없애버렸다.

마리아는 너무 신격화되었다. 어떻게 섹스 없이 아이가 태어날 수 있겠나. 인간의 성을 무시한 거다. 인간이 건강한 성생활을 못하게 하려고, 죄의식을 심어주기 위해 만들어낸 이야기이다. 여자에 대한 박해는 그것으로부터 시작되었다. 인간의 성스러운 성을 왜곡한 나쁜 놈들이다. 말도 안 되는 소리를 지껄이고 있는 신화는 다 쓰레기니까 버려라.

문_ 십자가 위에서 마지막 남기신 말씀이 "주여 뜻대로 하소서"• 라고 전해지는데 사실인가요?

답_ 마지막에 무슨 말을 남기긴 했다. "그게 나의 길이니" 하고 한 건데 그렇게 되었다. 너무나 당연한 결과다. 처음부터 알고 얘기한 건데.

베드로가 나를 부인한 건 자기의 업을 받은 것이다. 우주의 법칙인 인과응보의 법칙을 강조하고 싶었다. 베드로는 자기의 그릇 크기를 벗어날 수 없었다. 자기의 그릇을 깨야만 그릇이 더 커질 수 있다는 걸 얘기한 건데 그게 그렇게 되었다. 단순하게 예언을 한 것으로 기록되었다.

나는 진리를 전달하고자 했는데 예언가로 더 많이 알려졌다. 그 진리라는 것도 제대로 기록된 게 없다. 자기가 행한 대로 다 돌려받는데 그런 얘기가 없다. 병자를 치유한 그런 것만 부각되었다. 그런 것은 빛의 몸이 되면 누구나 할 수 있는데 중요한 진리가 전달이 안 됐다.

나자로는 살아서 자신의 업을 치러야 했다. 살아서 이번 생애에 최대한 죗값을, 고통을 치르는 게 그 사람에게 도움이 되는 것이었다. 그때 나자로가 죽지는 않았었다. 숨이 멎지 않았고 죽어가고 있었는데 그가 살아야겠다는 의지가 없었기 때문에 그 의지를 부여해준 거였다. 그런

• 예수께서 십자가 위에서 하신 말씀에 대해 질문자가 잘못 알고 있었다. '주여, 뜻대로 하소서'는 예수께서 십자가 위에서 하신 말씀이 아니다.

이유가 잘못 알려졌다. 그건 카르마가 아니다. 그걸 카르마로 보면 안 되고 give and take이다. 인과응보인데 누적된 건 없다. 내가 이번 생애에 못 치르면 다음 생애로 미루어진다. 죽으면 살리진 못한다. 영혼이 떠나고 없는데 말도 안 되는 소리다. 심장이 멎으면 한참 후에 육체는 부패하니까.

문_ 살아생전에 가장 제자 같다고 생각한 사람이 누구였나요, 사후에 깨달은 제자가 있는지요?

답_ 이름이 노로 시작하는 제자가 있었는데 열심히 했고 사후에도 조금 발전이 있었다.

다들 너무 평범한 사람이었고 그 시간만큼은 노력했고 진지했다. 11명이 다음 생애에서는 괜찮았다. 조금씩은 발전이 있었다. 나도 남자니까 성생활을 했고 마리아라는 이름은 너무나 흔한 이름이었다.

성직자들이 여자를 박해하는 것으로 시작해서 성을 부끄럽게 생각하고 죄의식으로 삼았다. 성을 당당하게 얘기해야 한다. 인간에게 있어서는 성스러운 일이다. 『그리스도의 편지』 정말 어렵게 썼다. 한국에 천사들이 많이 태어나야 한다. 천사들이 너무 없으니까 한두 사람이 치유나 정화를 다 감당하려고 하다가 하트가 깨졌다.

영혼에서 나오는 사랑과 사람들이 말하는 사랑은 완전히 다르다. 명치 쪽에 존재하는 참나 에서 나오는 사랑이 근원이고 본질이다. 영성 책에 나오는 사랑은 이 사랑을 얘기한 건데 사람들은 피상적인 사랑만 얘기하고 있다.

근원에서 나오는 사랑은 절대적이고 무한한 사랑이다. 사랑, 무한한 사랑은 그 자체가 에너지라서 그대로 전달된다. 내가 누군가에게 사랑을 주어야겠다고 마음먹으면 그대로 전달된다. 사람에게 직접 들어가서 상처를 녹이기 때문에 치유가 된다.

천사계* 사람은 이 에너지가 나와서 주변 사람들의 어두운 에너지, 부정적 에너지를 다 녹인다. 이 에너지가 엄청나게 큰 힘을 발휘한다. 천사계 사람은 어두운 에너지를 막을 수 있는 힘이 있다. 미국에 힐러가 많은 이유는 천사계 사람이 많아서 그렇다. 『기적의 손 치유』를 쓴 브래넌, 『우니히피리』를 쓴 KR 여사 같은 사람이 한국에는 없다. 한국은 천사들이 제대로 활동할 수 있는 환경이 아니어서 태어나려고 하지 않는다.

심장을 하트라고 하는 이유는 사랑의 에너지가 심장에서 나오기 때문이다. 문화를 매개로 이 사랑의 에너지가 확장되면, 사람들이 아무리 멀리 떨어져 있어도, 사랑의 에너지장 안에서 치유가 일어난다. 힐러의 경우 자기 주변에 사랑의 장이 생기면 힐러와 관계하는 사람들이 있는 공간까지도 치유가 된다. 천사계 사람들의 활동 범위가 넓으면 넓을수록 좋다. 왜냐면 그 공간에 있는 사람들이 조금씩 치유가 되기 때문이다. 즉각 알아차릴 수 있을 정도는 아니고 서서히 일어난다. 녹이는 거니까 당연히 인지는 안 된다. 상당한 시간이 흐른뒤에 자신을 보면, 지난날의 자신과 비교했을 때 많이 변했다는 걸 알 수 있는 정도다.

- **천사계**_영혼의 여섯 종류인 인간계, 선인계, 마법계, 천사계, 지혜계, 자연계 중의 하나. 천사계의 대표적인 인물로 예수가 있다.

그런 건데 한국 사람들은 빨리빨리 문화라 치유를 받아도 결과가 당장 현실에서 나타나야 한다는 생각 때문에 천사계 사람들이 더 안 오기도 한다. 외부압력이나 부정적인 것들이 사람을 치는데, 사랑의 에너지장은 이것들을 튕겨 내보내는 힘이 있다.

요정, 자연령은 생명에 관련되어 있는데 이쪽 계통의 힐러들은 주로 대체의학 쪽에서 치유 활동을 하고 천사계 힐러는 마음으로 몸을 치유한다. 마음을 치유하는 방법이 훨씬 강한 힘을 필요로 하기 때문에 천사계 사람들이 힘이 세다. 천사 치유는 치유 받는 사람의 의식을 거치지 않고 마음으로 직접 작용한다. 물질 우주에는 천사계 영혼의 고향이 거의 없다. 천사는 물질계 출신이 거의 없다.

트라우마, 상처가 녹아서 소멸되면서 의식으로 간다. 이때 자신의 변화를 보면서 하나의 깨우침이 일어난다. 의식적으로 알게 되면서 삶에 적용이 되면 사람이 바뀐다. 이게 치유와 온전함의 과정이다. 이런 과정에 대한 이해 없이 당장 눈에 보이는 결과를 원하니까 천사들이 한국에는 잘 오지 않는 것이다. 종교가 너무 잘못되었고 기독교가 모순이 많다.

빛과 사랑을 주려고 실천하는 사람도 우리와 똑같은 인간이라고 보면 되는데, 누군가를 높게 보고 나서 기대치에 못 미치면 비난한다. 인간관계를 상하로 생각하지 마라. 똑같은 인간이고 각자의 역할이 있을 뿐이다. 다른 사람을 스승이라고 높이지 마라. 지구에 오는 역할자 중에 높은 차원의 상급자는 없다. 이즈비의 세계에 인간이 생각하는 고매한 성자는 없다.

누군가 자기의 성장을 도와줄 것이라는 기대와 환상을 버리고 스스로 노력을 할 때 스승을 만난다. 스스로 노력하지도 않는 사람에게 무엇인가를 주겠다고 말하는 사기꾼들이 너무 많다.

강한 구도심으로 깨달음의 길을 가는 사람은 자식이 없는 게 낫다. 순환의 고리를 끊어야 되기 때문에 자식을 안 만든다. 자식이 있어도 인연을 끊는다. 현실의 생활에 집중해라. 집중만 하면 생각을 안 해도 해결책은 나온다.

한국에 대해 말하다

한국은 대가족 중심의 문화였다. 옛날에는 사람들이 마을에 모여 살았다. 마을도 하나의 집단이다. 품앗이나 두레 같은 협동노동과 상호 협력하는 문화를 통해서 창조와 치유가 일어났다. 민간요법으로 질병을 치료했고 마을 안에서 생계를 비롯한 모든 것을 해결할 수 있었다. 한국의 문화가 그랬다.

산업혁명으로 도시화 되면서 이런 문화가 다 끊어져 버렸다. 단절로 인해 사람의 정적인 관계, 정신적인 유대감은 점점 약해지고 이게 확장되어서 신뢰와 사랑이 없는 상태로 되었다. 콘크리트, 아스팔트로 생긴 물리적인 단절이 현실에서는 인간관계의 단절로 이어지고 있다. 콘크리트 자체가 물질적인 것뿐만 아니라 자연의 에너지, 인간의 에너지도 끊어버린다. 아스팔트 때문에 인간과 지구가 연결이 안 된다. 그래서 사람이 지구와 연결이 되려면 흙길을 걸어야 한다.

단절을 연속적인 것으로 어떻게 바꿀 것인가. 문화 콘텐츠를 개발하라. 아직 개발이 안 된 것이 많다. 세상이 더는 발전할 수 없다고 사람들은 생각하는데 절대 그렇지 않다. 인간이 가지고 있는 가능성과 잠재력을 200% 끌어올리면 이 세상을 바꿀 수 있다. 인간은 잠재력의 1%도 아직 사용하지 않고 있다

나의 잠재력은 하단전에 있다. 하단전이 잘 작동한다는 것은 입자들이 활발하게 움직인다는 뜻이다. 살찌는 것과는 다르게 배가 약간 부풀어 오를 수 있다. 잠재력이 드러나려 할 때 입자의 활동이 두드러진다. 입자들의 움직임인 파동이 뇌로 가면 인식이 일어나면서 현실에 변화가 온다. 뇌가 인식해서 현실적으로 드러날 때 내게 필요한 것이 무엇인지 알게 된다. 직관대로 행동하게 되고 이 행동에 맞는 사람들이 저절로 연결되면서 새로운 관계가 형성된다. 여기서 하나의 창조가 시작된다. 제품이 될 수도 있고, 콘텐츠가 될 수도 있고, 사업아이템이 될 수도 있다. 이것이 영성을 공부해야 하는 이유다.

하단전의 힘이 뇌로 가려면 에너지 통로가 다 열려야 한다. 요가에서는 나디*라고 하는데, 척추가 바르게 서는 게 가장 중요하다. 척추가 바로 서야 에너지가 돈다. 척추가 인체에서 가장 중요한데 영적으로도 그렇다.

한국은 사회 구조적인 문제가 많다. 그래서 에너지가 흐를 수 없다. 사람들 성향이 너무 쎄서 에너지 흐름을 끊어버린다. 거기다가 한국 전

- **나디 (Nadi)**_몸의 각각의 모든 부분, 신경 에너지와 혈액 같은 육체적인 흐름의 미묘한 대응물을 통해 움직이는 에너지의 흐름을 말한다.

쟁까지 있었고 이런 힘든 상황들이 고정관념과 틀을 만들어서 천사들이 역할을 제대로 할 수 없는 구조가 되어 있다.

천사계 사람이 음악을 하면 음악으로 사랑의 치유를 하게 되고, 문화예술을 하면 대중적으로 집단 무의식 같은 게 치유된다. '세월호'로 형성된 집단 트라우마가 엄청나게 크다.

뮤지컬 배우 중 천사인 사람이 있는 데 큰 역할을 하고 있다. 여덟 명의 존재가 그의 주변에서 집단 무의식 정화작업을 하고 있다.

한국에서 많은 범죄가 발생하는 이유는 직계 가족들조차 사랑이 없어서 그렇다. 사랑의 에너지가 친척까지 퍼지면 소규모 장이 만들어지고 이 에너지장은 사회에도 영향을 미친다. 원래는 몸이 열린 세 명만 모여도 가슴의 에너지가 회전하는데 지금은 몸이 열린 사람이 드물어서 그런 일이 일어나지 않고 있다. 그래서 사회로 퍼뜨려지지 않는다.

최소 세 명만 모여도 소규모 에너지장이 만들어지고, 에너지가 점점 더 커져서 세상에 영향을 미치는데 TV, 스마트폰 같은 것들이 이 에너지장을 다 깨뜨린다. 에너지가 그렇게 깨지고 순환도 안 되면서 사회적인 문제들이 일어난다. 가족범죄는 100% 사회 구조적인 문제에 원인이 있다.

국회의원 수가 너무 많다. 반으로 줄여야 하고 차라리 공무원 수를 늘리지 정치인들이 하는 게 뭐가 있나. 환경미화원이 지금보다 더 많아야 하고 그들을 늘 지원하는 직원들이 있어야 된다. 왜 샤워실도 없는 환경에서 근무하게 만드는가. 가장 힘든 일을 하시는 분들인데. 환경미

화원을 지원하는 공무원을 새로 뽑아야 한다. 전체적인 시설들이 잘 관리가 되어야 한다. 그런 시스템을 만들어야 한다. 그래서 공무원의 수를 지금보다 훨씬 늘려야 한다. 지금 이런 지자체에 이런 공무원 수면어림도 없다. 동사무소 직원 한 명이 어떻게 그 많은 빈곤층을 알 수가 있겠나. 관리가 안 되고 파악도 안 되고 한사람이 어떻게 그 많은 일을 할 수가 있느냐 말이다.

한국의 정치판은 코미디 쇼 보는 것 같다. 구조적인 문제이다. 다 바꿔야 한다. 그 구조가 바뀌어야 뭔가를 하는데 구조적인 문제로 인해서 못하는 경우가 많다. 내적갈등이 굉장히 심할 거다. 뭔가를 잘 실행하기가 힘들다. 구조적인 문제로 막혀버리니까. 법원, 검찰 너무 문제가 많다.

가장 큰 죄를 지은 사람이 고작 징역 몇 년형을 받다니 사형시켜야 하는데 왜 무기징역인가. 생계형 범죄자들이 왜 형을 더 높게 받는 건지. 윗사람들이 잘못한 거지, 생계형 범죄는 사회구조 문제로 발생한 건데 자기들이 더 감방에 가야지 왜 사회시스템의 피해자들을 구속하는가. 구조가 잘못됐다고 인식하는 사람조차도 없다.

사회구조 때문에 생긴 범죄와 사람의 감정으로 생긴 범죄를 전혀 구분하지 못하고 있다. 형을 내릴 때 구조적인 문제와 사람이 감정적으로 일으킨 사건의 원인조차 제대로 파악하지 못하니까 형량이 들쭉날쭉하다. 계속 항소를 하고 비용은 더 들어가고 서민들은 거덜 나는 이런 문제가 생긴다. 무죄인데 유죄가 돼서 거덜 나고, 그런 걸 구별할 수 있는 시스템 자체가 없으니까 특히 서민들이 많이 당한다.

한국인들은 생각이 너무 닫혀 있어서 마음 수련이 힘들다. 마음 수련을 하는 사람들이 제일 안 열려 있으면서 마음을 수련한다고 한다. 몸부터 열어야 마음으로 간다. 몸이 많이 열려야 마음 수련이 된다. 마음 수련은 다른 게 아니라 에너지를 뇌가 인식하는 거다. 뇌에서 인지, 인식해야 마음에서 일어나는 것을 알아차리게 된다. 그러면 일상생활 속에서 받아들일 수 있고 깨우칠 수 있다.

한국에서 마음 수련을 얘기하는 사람들은 일단 가짜라고 보면 된다. 그들의 몸이 닫혀 있어서 그렇다. 몸에서 머리로 갔다가 심장으로 내려온다. 그래야 마음이 움직여서 행동으로 간다.

도로도 에너지 통로 역할을 한다. 교차로가 점점 로터리로 바뀌고 있는데 에너지가 흐르니까 교통이 안 막히고 사고율이 낮아진다. 신호가 바뀌면 인지하기까지 3초가 걸린다. 이 3초 안에 많은 사고가 난다. 교차로를 로터리로 바꾸는 건 정말 잘하는 일이다. 한국사회가 조금씩 정상적으로 바뀌고 있다는 걸 보여주는 사례다.

너무 안타깝다. 상위우주에서는 정말 지구에 자주 오고 싶고 진리를 알려주고 싶어도 정작 받아주는 사람이 없다. 여기 회원이 적으니까 실망스럽다. 제대로 수행하는 곳은 사람이 없고 이상하게 가르치는 곳은 사람이 많다. 사람들이 진리를 알려고 하는 시도조차 하지 않으니까 한심하고 안타깝기도 하다. 정말 많은 존재가 사람들을 일깨워주려고 노력하고 있는데 지구 상황이 이러니 굉장한 실망감을 감출 수가 없다.

04 대행 스님*

무아, 삼매, 진아

하단전과 하체의 힘이 반드시 필요하다. 그래서 하체 운동을 마도사** 님이 계속 지도하시는 것이다. 깊은 삼매에 들면 자아와 진아를 경험한다. 자아를 보고 자아가 가짜라는 걸 깨닫게 되면 이때 반야심경의 내용을 터득한다. 그러면서 자아가 떨어져 나가고 진아로 들어간다. 삼매에 들기 전에 여러 번 무아를 체험한다. 무아와 진아는 다르다.

자아가 존재하지 않는 상태인 무아와 자아가 거짓이라는 걸 아는 진아는 다르다. 자아가 거짓이라는 걸 알면 이때부터 생각이 완전히 떨어져 나가는 탈염이 된다.

여기서부터 깨어 있는 의식으로 우리가 다 연결되어 있다는 걸 체험으로 알게 된다. 이게 바로 한마음이다. 여러 사람이 하나의 마음을 충분히 낼 수 있다. 한 가지 목표를 향해서 그 마음을 낼 수 있다는 게 한마음의 진정한 의미다. 한마음으로 힘을 쏟아야 우리나라가 통일이 되고 지구 전체가 잘 살 수 있다. 그런 일이 가능하게 하려고 지금 모든 우주에서 지구에 투자하고 있다. 그래서 사람들의 마음이 하나로 통일되어야 한다. 그 힘으로 지구의 어려운 상황을 해결하려는 작업이 계속 일어나고 있는 것이다. 깨달으신 분들은 공통으로 다 아는 내용이다. 이 한마음을 쓰는 자가 바로 주인공이다. 이걸 제대로 아는 사람이 없

- * **대행 스님**_ 한마음선원과 한마음과학원을 설립한 대행 스님은 선인계를 대표하는 인물이다. 영적 존재들은 대행 스님을 높게 평가한다.
- ** **마도사**_ 중국에서 온 선인계의 영적인 존재. 비전 같은 몸동작을 아낌없이 전수해 주셨다.

2장
육체를 가지지 않은 영적 존재들의 말씀

다. 이 개념이 사람마다 다 달라서 다르게 쓰이고 있다.

내가 생전에 말한 관법은 바라보기, 즉 위빠사나*다. 내가 나를 보면 깨치는 게 있으니까 스스로 노력하지 않을까 해서 이 방법을 그렇게 얘기한 거다.

사람들이 협력을 너무 안 한다. 다들 자기 생각에만 빠져서 자기가 잘난 줄 알고 반성이란 걸 전혀 안 하고 공유도 안 한다. 차라리 한마음의 진짜 의미를 몰라도 이 말에 이런 의미가 담겨 있으니까 알아서 쓰라고 한 건데 일반인들의 생각이 너무 닫혀 있다. 자기 자신도 모르면서 남을 너무 무시만 한다.

지구에서 창조가 일어나려면 사람을 모아서 뭔가를 해야 일이 시작되는데 그럴 수가 없다. 일반인들이 기본적인 힘조차 없으니 지구가 이렇게 전혀 발전이 없는 바닥상태일 수밖에 없다. 이 힘을 키우는 게 가장 기본이다.

아이들 교육

일반인들 정신 수준이 심각한 상황인데, 특히 교육에서 잘못된 걸 너무 많이 주입하기 때문에 청소년들이 연예인만 숭배하는 이상한 시스템으로 가버렸다. 그렇게 갈 수밖에 없는 게 교육제도의 문제점이다. 학교 교육이 너무 학생들 수준하고 안 맞는다. 그러니 당연히 공부에 관심이 없고 탈선하고 인터넷 게임에 빠질 수밖에 없다.

- **위빠사나**(Vipassana)_ 부처가 깨달음을 얻은 수행 방법으로, 수행이 높아져 최고 경지에 도달하면 스스로 깨달음을 얻게 되는 방법이다. 위빠사나는 '모든 것을 이해하고 꿰뚫어 본다'는 뜻이다.

학생들에게 맞게 학생이 소화할 수 있는 걸 가르쳐 줘야 하는데, 전혀 관계없는, 사회 질서를 유지하기 위한 교육만 하고 있다. 입시제도가 대표적인 예다. 지금 학교가 완전히 사육장이지 교육장이냐. 그래서 애들이 점점 학교에 가지 않으려고 본능적으로 이상한 행동을 한다. 학교 교육이 자신을 너무 괴롭히기 때문에 스스로 자신을 그렇게 삐뚤빼뚤하게 만든다. 그래서 자퇴를 할 수밖에 없는 상항을 만든다. 애들이 학교가 자신을 망친다는 걸 본능적으로 알고 있어서 그런 행동을 하는 거다. '나는 이런 시스템과 이런 제도에 순응하지 않겠다'라고 자기표현을 하는 거다. '나는 그렇게는 못 살겠다, 노동 노예로는 못 살겠다'라고 말하는 거다. 일단 교육의 50%는 건강을 유지하는 인체를 다루는 교육이어야 한다. 체육수업도 입시 때문에 없애는 판인데 뭐가 제대로 되겠나.

현대인들은 그냥 다 막혀 있는 시스템 안에서 살고 있다. 그 시스템을 벗어나려면 어떻게 해야 할까. 굉장히 중요한 건데 일단 내 의식에서부터 시작해야 된다. 제도권에 속하지 않고도 충분히 살 수 있다는 의식의 변화가 필요하다. 이런 의식의 변화가 오면 그 파동이 가족 전체에 영향을 미친다. 누구나 가는 방향으로 가지 않는 그 자체만으로도 생각의 틀이 엄청나게 깨진다. 이 생각의 틀을 깨는 건 부모가 해줄 수 있다. 그러니까 '남들이 가지 않는 길은 무조건 힘들 거야' 이렇게 생각을 해버리니까, 그놈의 두려움 때문에 아무것도 못 하는 현상이 계속 발생하고 있는데 이 두려움조차도 외부에서 주입되어 만들어진 게 99%다. 그래서 이 두려움이 가짜라는 걸 아는 게 가장 중요하다. 두려움 같은 건 없다. 두려움은 세뇌로 만들어진 것이다. 제도권 밖에서도 살 수 있다는 걸 실천하면 개혁에 버금가는 일이 일어난다. 대학 나오고 취업하고 이런 패턴을 일단 탈피해야 한다.

누구나 다 그렇게 사니까 나도 그렇게 살겠다는 마음에서 벗어나라. '그런 삶은 존재하지 않는다'는 생각에서 시작해라. 왜냐면 똑같은 삶을 사는 사람은 아무도 없기 때문이다. 불가능한 건데, 누구나 똑같은 삶을 살려고 아등바등하고 있다. 그런 생각의 전환이 일어나려면 나에게 기본적인 힘이 있어야 된다.

나의 힘은 어디서 나올까. 존재감에서 나온다. 존재감은 내가 삶 속에서 느낄 수 있을 때 저절로 생기는데 이 존재감을 어디서 느낄 수 있을까. 존재감을 느끼려면 나만 할 수 있는 것을 찾아야 한다. 나다운 것이 무엇인지는 해보지 않고는 알 수 없다. 나다운 것을 다양한 시도를 통해서 알아가는 것이다. 그런 과정이 아주 중요하다. 사람들은 처음부터 끝까지 전체를 강조하는데, 사실은 부분과 사소한 것이 굉장히 중요하다. 이 사소한 것에서 차이가 난다. 인간이 다른 사람과 구별되는 것은 바로 이 사소한 차이 때문이다. 그래서 다른 사람과 구별할 수 있는 나만의 특징을 찾아내는 것이 첫 번째 과제이다. 이게 바로 자기 분석이고 자기 분석이 되어야 자아탐구가 시작된다. 그런 뒤에 진아에 도달할 수 있다. 그래서 이런 방향으로 교육이 진행되고 맞춤식으로 가야 한다.

스스로 뭔가를 하도록 아이들한테 기회를 주어야 하고, 아이들 스스로 자기를 알 수 있는 시스템을 구축해야 된다. 그러면 자기 스스로 찾기 때문에 진로교육이 따로 필요 없다. 아이들은 정말 아무것도 없는

풀밭에 내놓아도 스스로 뭔가를 할 수 있는 존재들이다. 깨끗하기 때문에, 아무런 거리낌 없는, 마음속에 장애가 아무것도 없는 게 바로 아이들이다. 그런 것들을 계속 허용해줘야 한다. 그래서 그 부분을 찾아야만 스스로 자립할 수 있다. 존재감을 느끼고 자립해서 잘 산다는 건, 내 힘으로 찾았을 때 가능한 일이다. 그렇지 않으면 잘 살 수가 없고 맨날 힘들어할 수밖에 없다. 남한테 끌려다니는 삶을 살 수밖에 없는 이 시스템에 갇히면 그렇게 살 수밖에 없다.

그래서 가장 먼저 자립할 수 있는 힘을 키워야 한다. 교육은 그런 방향으로 나아가야 한다. 한국인이 굉장히 뛰어나다는 건 제대로 된 역사만 드러나도 저절로 알게 된다. 존재들이 그런 시도를 지금 하고 있고 그게 드러나면, 아마 안 좋게 보이는 한국인의 모습들이 없어질 것이다. 한국인이란 것에 굉장한 자부심을 가져도 좋다.

관법

관법은 '보는 것에서 우주의 원리를 찾는다'라는 뜻이다. 먼저, 내가 나를 보는 것에서 우주의 원리를 찾는 것이다. 두 번째, 사물을 통해서 나의 행위를 관찰하는 것이다. 세 번째, 관계 속에서 내가 어떻게 반응하는지를 보는 것이다. 네 번째, 조직과 집단을 보는 것이다. 이렇게 네 가지 방법으로 전체를 보는 것이 관법이다.

첫 번째, 내가 나를 보는 방법으로는 일기가 가장 좋다. 두 번째, 사물을 통해 나의 행위를 관찰하는 방법으로는 쇼핑이 가장 좋다. 내가 어떨 때 충동구매를 하는지 잘 관찰하면 어떤 원인에 의해서 어떤 감정에 의해서 쇼핑을 하는지 알 수 있다. 세 번째, 인간관계에서 어떻게 반응하는지를 통해 내가 좋아하고 싫어하는 걸 분명하게 알 수 있다. 네 번째, 조직과 집단에서 내가 잘 할 수 있는 걸 알 수 있다. 그래서 조직과 집단에 들어가야만 자신에게 맞는 직업을 찾을 수 있다.

  이런 경험을 해보지 않으면 결코 자기의 진짜 직업을 찾을 수 없다. 외골수인 사람도 자기 자신에 대해서는 잘 모른다. 자신에게 어떤 능력이 있는지 전혀 모른다. 조직이나 집단을 통해서 자신의 능력을 표출할 수 있기 때문에 그전에는 어떤 능력이 있는지 알 수가 없다. 혼자만 있는 사람은 어떻게 자기의 능력을 구현하고 어떻게 자기의 능력을 쓰는지를 절대 알 수 없다. 혼자 있는 게 굉장히 안 좋은 거다.

  건물이 있고 길이 있을 때 걸어가는 방향과 방법으로 내가 어떤 에너지에 반응하는지 알 수 있다. 길 중앙에서 걸을 수도 있고 걷는 방향이 다 다를 수 있다. 그게 내가 에너지에 반응하는 방법이다. 그래서 잘 관찰하면 내가 어떤 에너지를 피한다는 걸 알 수 있다. 그 에너지를 방어하기 위해서 걷는 거다. 그걸 잘 관찰하라, 그러면 내가 취약한 에너지, 나에게 해를 끼치는 에너지가 뭔지를 알 수 있다. 그러면 밖에서 활동할 때 그런 에너지를 가진 사람을 의식적으로 피할 수 있다. 이런 걸 알면 이제 내 에너지를 조절할 수 있게 된다. 그러면 주도적으로 내 인생을 조절할 수 있다.

나의 장점을 알면 내가 감당하지 못할 고통은 없다

첫 번째로 필요한 게 자기 제어이다. 인생을 조절할 줄 안다는 건 그만큼 위험을 피할 수 있다는 뜻이다. 나한테 해가 되는 사람을 안 만나게 된다. 위험을 최소화하면 아무래도 질병에 걸릴 일이 거의 없다. 자기 제어를 기본으로 자기관리를 하는 것이다. 연예인들이 하듯이 남에게 보여주기 위한 자기관리는 의미가 없다. 인생에서 고통은 결코 감당할 수 없을 만큼 크게 오지 않는다. 아직 발견하지 못해서 그렇지 충분히 그 고통을 피할 수 있고 방어할 수 있는 요소들이 나한테 다 있다. 나의 장점을 알면 내가 감당하지 못할 고통은 없다. 그러기 위해서는 자기 분석이 필요하다. 내가 어떤 특성을 가지고 있고 성격 중에 어떤 강점이 있는지 알아야 하는데 자기 분석을 하는 사람이 거의 없다.

굉장히 장점이 뛰어나고 돈이 그냥 굴러들어올 수 있는 사람인데 자기의 장점을 전혀 모르기 때문에 평생 가난하게 산다. 왜 자기 장점을 못 살리나. 머리만 잘 쓰면 되는데 그 고생을 하며 산다.

노동이 맞지 않는 사람인데 막노동을 하고 있고 노동이 맞는 사람이 머리 쓰는 일을 하고 있다. 그러면 스트레스만 많이 받는다. 누구나 약점도 있고 단점도 있다. 그런 건 다른 사람이 하면 된다. 왜 그런 생각을 못 하는가. 그걸 하라고 태어난 사람들이 있는데 왜 못 맡기나. 돈 몇 푼 아낀다고 해서 달라지는 게 뭐가 있나. 스트레스만 더 많이 받는다.

일이 비효율적인 형태로 가면 그걸 제대로 바로잡고 수익이 나게 하기 위해서는 훨씬 더 많은 돈이 들어간다. 한 6배 정도다. 사람들이 이걸 생각하지 못한다. 돈을 더 주고 잘하는 사람한테 맡기지 왜 혼자 그 고생을 하나. 자기 무덤을 자기가 파고서는 힘들다고 한다. 그래서 사람을 이용하라는 거다.

비즈니스 모임이 아니더라도 사람들의 모임은 다 활용해라. 절대로 누구에게 더 이익인가를 생각할 필요 없다. 왜냐면 사람을 통해서 정보가 돌아서 결국은 나한테 오기 때문이다. 모임에서 다양한 정보를 공유하는데 돈과 연관된 얘기는 꺼내지 않겠다는 생각은 잘못된 것이다. 어쨌든 필요한 사람이 가져다 쓰고 활용이 돼서 돌아온다. 어떤 것이든 공유를 해라. 그리고 관계를 단칼에 끊지 마라. 언제 어디서 뭐가 나한테 들어올지는 모르니까. 고립은 파멸이다. 나한테 엄청 손해다.

이 시대에는 일반인을 깨우는 게 가장 시급하다. 일반인이 깨어나야 변화가 생긴다. 고차원 아이들이 태어나서 부모를 깨우는 역할이 있고 활동하는 사람들이 다양한 방법으로 일반인을 깨우는 역할이 있다. 그 영역이 조금 다르다. 영적인 아이와 부모가 생활에서 부딪히면서 겪는 어려움은 부모 스스로 해결하기 어렵다. 거의 불가능하다고 보면 된다. 그래서 이런 상황을 알고 있는 사람이 알려 줘야 한다. 모든 방법을 써서 알려 줘야 한다. 그게 지금 가장 시급한 문제다. 고차원 존재나 인디고, 크리스탈 같은 영적인 아이들이 앞으로 한국에서 많이 태어날 것이다.

성공할 수밖에 없는 운명의 단계

정신적인 영역으로 사람의 상태를 네 단계로 분류하면 유아기, 성장기, 응용기 그리고 깨달음의 단계가 있다. 성인의 대부분은 유아기에 머물러 있다. 삶에서 엄청난 고통을 겪어야 유아기에서 성장기로 갈 수 있다. 큰 고통을 주는 질병에 걸리거나 친한 사람이 죽거나 하는 경우가 아니면 성장기로 가기 어렵다. 그렇게 어렵기 때문에 성장기에서 응용기로 가는 경우는 인생에서 삼매에 들었다고 볼 수 있다. 응용하려면 일단 나부터 알아야 하기 때문이다.

응용기에서 잠재의식이 깨어나기 시작한다. 잠재의식이 현실로 드러나면서 창조를 하기 때문에 그런 사람은 당연히 성공할 수밖에 없다. 스티브 잡스처럼 그런 창조물이 나온다.

깨달아서 죽을 때를 안다는 건 내가 죽음을 설정한다는 뜻이다. 이 단계에 있는 사람은 거의 없다. 지구에서 손에 꼽을 수 있겠다.

응용기가 되어야 성공할 수밖에 없는 운명이라 말할 수 있다. 그래서 어떤 공식대로만 하면 누구나 성공한다는 건 말도 안 되는 소리다. 일반인은 대부분 유아기인데 유아기 사람에게 성공이 어떻게 가능하겠나. 그래서 유아기에 있는 사람이 성공을 꿈꾸는 건 말도 안 되는 것이다.

앞으로 유아기에서 성장기로 이끌어줄 책들이 필요하다. 이게 가장 중요할 것 같다. 그래서 부드럽게 친절하게 가면 안 된다. 성장기로 가게 하려면 철저히 부셔줘야 한다. 그 사람이 가지고 있는 모든 것을 죄다 부셔줘야 한다. 아니면 삶에서 뼈를 깎는 고통을 겪은 뒤에 성장기로 올라갈 수 있다. 그래서 훌륭한 선생은 절대 친절하지 않다. 엄격하고 독하다.

조선 시대에 학당에 있던 무서운 훈장 같은 문화가 지금은 완전히 없어져서 교육이 죄다 망가져 가고 있다. 요새 학교에서 선생님들이 뭐라고 하면 학부모들이 난리를 쳐서 엄하게 할 수 없으니까 거기서 뭐가 나오겠나. 학생들이 뭘 할 수 있겠나. 스무 살이 넘어도 아무 쓸모도 없는 인간이 되어 있으니까 청년들이 느끼는 스트레스는 너무나 당연한 것이다. 지금의 상황이 쓸모없는 인간으로 만들어 버린다. 다 갈아엎고 새로 태어나는 게 낫다. 새로운 시스템을 만들면 정착하는 데 5년이 걸리고 대중화되고 상용화하는 데 10년이 걸린다. 그래서 최소 15년은 걸린다.

05 | 가족세우기*를 선물한 영적 존재

영적인 치유

영적인 치유가 영혼이 인간의 몸에 안착할 때 생기는 오류를 고향 행성에서 고쳐주는 거라면 인간이 할 수 있는 치유는 심리치료라고 보면 된다. 인간을 구성하는 에테르체와 인체에 대한 이해가 꼭 필요하다. 에테르체**에 인간의 모든 감정이 들어 있다. 양자역학의 적용을 받는 게 에테르체다. 육체는 물질이다. 감정이 물질화된 좋은 예로 호르몬이나 암세포가 있다.

 몸을 움직여서 에테르체에 있는 감정들을 해소하는 방법이 바로 몸 수련이다. 잘 움직이지 않는 부위를 움직이는 몸 수련을 통해 그 부위의 감정들이 해소된다. 그렇게 엄마로부터 태아 때부터 받은 것들을 하나씩 없애는 거다. 그렇게 안 좋은 것들이 없어지면서 내가 나를 점점 인식하게 되고 내가 나를 제대로 보게 된다.

 '가족세우기'로 전 세계인들이 효과를 많이 보고 있다. 특히 한국인

- **가족세우기**(Family Constellations)_ 독일인 버트 헬링거가 창시한 치유법이다. 전 세계 많은 이들이 가족세우기를 통해 고통에서 벗어나고 있다. 역할극, 심리극, 사이코드라마와 비슷한 형식으로 언어의 힘으로 트라우마가 즉각적으로 해소된다.
- **에테르체**_ 신비학에서는 인간의 몸을 영적인 특성에 따라 일곱 개의 몸으로 나누고 있다. 여기서 육체 다음의 몸을 에테르체라고 부른다.

은 삼대가 전쟁과 일제강점기까지 걸쳐 있어서 여자들이 가장 고통을 많이 받는 나라 중 하나인데 한국인이 효과를 많이 보고 있어서 정말 다행이다.

가족세우기는 남자보다는 여자를 위해 만들어진 것이다. 가족세우기 시장이 커지고 있고 일반인 누구나 참여할 수 있는 건 정말 잘된 일이다. '돈 세우기 기법'은 아주 창의적이다. 다양하게 적용해라. 가족세우기는 에테르체에 작용하기 때문에 당연히 양자역학의 원리이다. 형태장•이 새로 만들어지는 건 아니다.

한국에서 일반인들이 가족세우기를 이 정도로 많이 해서 놀랍다. 효과를 많이 보고 있고 고통과 트라우마가 해소되고 있다. 가족 세우기를 통해서 사람들이 그나마 조금 감사할 줄 알게 됐다. 본질이 사랑이라는 것을 알게 된 것이다. 엄청난 성과다. 한국에서 무궁무진한 발전 가능성이 조금씩 펼쳐지고 있어서 기대하는 바가 크다. 촉진자가 영성에 대해 제대로 된 지식과 양자역학에 대한 지식을 얻기 바란다.

가르치는 사람이 자기가 자꾸 말을 만들려고 해서 오류가 생긴다. 이미 있는 걸 쓰면 되는데 멋대로 만들어내니까 더 많은 오류가 생기고 왜곡된다. 똑같은 걸 얘기하는데 영성 언어를 보면 얘기하는 사람마다 다 다르다. 잘난척하려는 심리다.

- **형태장**_모든 사물(事物, Work and matter)이 그 고유한 형태(形態, Shape)와 행태(行態, Befavior)를 갖도록 형성(形成, Formation)시키는 공간상의 에너지 장(氣場, Energy field)을 뜻한다. 즉, 원자(原子, atom)도 사람(人, Human)도 모두 이 형태장에 의해 그러한 꼴(形, Shape)과 짓(行, Act)을 갖게 되었다는 것이다.

인체 에너지장(보호막)이 없는 사람은 빙의가 될 수도 있다. 평소에도 누구든지 빙의가 될 수 있다. 모든 사람은 에너지가 있고 다른 사람의 에너지 체가 들어올 수 있다. 보호막이 없고 에너지가 약하면 당연히 들어온다. 에너지장이 센 사람들이 모여서 새로운 에너지장이 만들어지면 빙의는 안 된다. 모인 사람 중에 사이킥 뱀파이어나 에너지장을 깨뜨릴 수 있는 사람이 있을 수 있다. 수련하는 곳에서는 그럴 수 있다.

06 부처*의 명상지도

지금 석가모니 부처님께서 수면 상태, 요가의 사바 아사나 같은 수면 명상을 얘기하시는데 일단은 몸이 피부호흡을 해야 합니다. 잠이 반 정도 든 상태라고 보시면 돼요. 계속 그런 상태에서 부처님이 에너지를 주셔서 일곱 시부터 센터가 이런 상태인 거예요. 약간 졸린, 잠이 반 정도 든 상태인데, 이 상태가 의식이 무의식으로 들어가는 상태예요.

현재 의식과 무의식이 동시에 있을 수 있어요. 내가 이 상태를 지금 자각하고 있습니다. 자각하면서 꿈을 꾼다고 해서 자각몽이에요. 이 현재 의식과 무의식이 동시에 있을 때 우리는 깨어날 수 있어요. 이때 나를 볼 수 있는 지각이 생기는 겁니다. 무슨 일을 하든지, 가장 기초적으로, 어느 정도 힘이 있어야 가능합니다. 현재 의식 상태에서 무의식을 보는 것이기 때문에 가장 기초적인 힘이 있어야 이 상태를 따라 들어갈

● **부처**_석가모니 부처를 말한다. 직접 명상지도를 하시는 상황과 채널러의 설명하는 상황이 이어져서 본문 내용의 문체가 통일되지 않았다(편집자 주).

수 있습니다. 힘이 없으면 그냥 무의식으로만 잠입 됩니다. 이런 자각몽이 일어나려면 힘이 있어야 한다는 뜻입니다. 이 상태에서도 현재 의식이 있기 때문에 나를 조절할 수 있습니다. 그러면 유체 이탈을 했다가도 다른 곳에서도 이상한데 들어가면 충분히 바로 빠져나와서 몸으로 돌아올 수 있습니다. 여기서부터 체험을 해도 분별력이 생기는 시점이어서 이 상태부터 체험해도 좋다고 말하는 거예요.

수화_명상에 들어가면 마치는 시간은 안 정하고 부처님 강의가 끝날 때 마치는 걸로 할게요.

부처_수련하기에 좋은 장소는 일단 빛이 들어오지 않는 곳이다. 빛이 전혀 들어오지 않는 상태에서 외부자극 또한 전혀 없는 곳이 가장 좋다. 깊게 무의식으로 들어가면 잠재의식까지 더 깊게 들어갈 수 있다. 그게 바로 잠자는 상태에서 삼매에 든다는 것이다.

부처님 명상지도_의식에 집중하세요. 몸은 이미 이완됐기 때문에 이 상태에서는 의식이 의식을 조절한다고 생각하면 됩니다. 몸은 신경 쓰지 말고 의식만 조절하면 됩니다. 지금부터 긴장이 완전히 풀어지는 단계입니다. (명상 중)

이 상태에서 무의식 정리가 들어가요. 의식이 자체적으로 정리를 하는 겁니다. 의식이 정리되면 다음에 몸 정리에 들어가고 그다음에 바로 독소가 빠지기 시작합니다. 독소는 접지된 부분, 바닥에 닿은 곳에서 빠져나갑니다. 이제부터 명상 상태에 들어가게 됩니다.

내 몸이 느껴지지 않는 게 정상이에요. 그다음 단계가 바로 무경계를 체험하는 겁니다. 보이는 세계와 보이지 않는 세계의 경계가 별로 느껴지지 않아요.

그러면서 이 세계와 내가 분리되지 않았음을 아는 것이 중요합니다. 우리는 항상 연결되어 있는 것을 지각하게 됩니다.

고차원의 에너지가 들어오기도 하고 연결되기도 합니다. 그래서 음악 소리가 들리기도 하고, 새로운 에너지가 들어오면서 전혀 경험해보지 못한 것을 느낄 수도 있습니다.

뇌하수체를 뚫어주는 것은 바로 이러한 새로운 에너지와 고차원의 연결을 통해서입니다.

온전한 나를 느껴 봅니다. 참나, 진아를 자각하는 것이 중요합니다. 온전히 나 자신으로 있는 것. 이 자리에 있음.

서서히 양기*가 들어옵니다. 바로 해가 떠오르면서 몸에 햇빛이 조금씩 들어오면서 세포들이 깨어납니다. 그 햇빛은 말초신경부터 스며들어서 맨 마지막에 뇌세포까지 들어옵니다. 머리가 맑아지면서 의식이 표면으로 들어섭니다. 그리고 피부도 다시 깨어납니다.

● 　해가 떠오르는 걸 상상하라는 뜻. 실체에 닿기 위해 상상력을 사용하는 명상법이 많다. 깨달음의 상태에서는 항상 밝은 빛속에 있다고 한다. 이를 '천 개의 태양이 떠오른 듯하다'고 한다(편집자 주).

07 | 마도사, 몸동작의 연금술

뼈 안에 장기가 있고 살과 근육이 있고 표피층이 있다. 물론 양자역학에서는 핵이 가운데 있고 공간이 있다. 물질을 분석해보면 공간이 차지하는 비율이 다른 것보다 훨씬 높다. 인체에 이 원리를 적용해야 한다. 살과 근육과 표피와 장기들 사이에 비어 있는 공간이 있는데 에너지는 이 비어 있는 공간으로 흐른다. 에너지가 흐르면서 근육, 뼈, 피, 장기를 움직이게 하고 달라지게 한다. 물질을 최소 단위로 완전히 쪼개면 에너지라고 보면 된다. 이게 양자역학이다.

우리가 기(氣)라고 부르는 것과 화학적인 에너지가 똑같은 것이라고 보면 된다. 기라고 해서 더 특별한 것으로 구분했기 때문에 실생활에 적용하지 못하고 있다. 물질과 에너지를 별개로 보기 때문에 현실에 적용하기가 어렵고 수련을 오래 한 사람도 삶에 적용하지 못하는 것이다. 인식에서 이미 단절됐기 때문에 오고 가는 소통이 전혀 없는 상황이다. 에너지나 물질이나 다르지 않다. 에너지로 물질을 바꿀 수 있다. 그래서 현실이 바뀌는 것이다. 생각 에너지를 물질로 바꿀 수 있다.

인간관계에서 소통이 단절되면 아무 일도 일어나지 않는다. 소통이 되면 상황이 바뀌고 현실이 바뀌는데 이게 다 똑같은 원리와 성질이다. 누구나 충분히 사소한 것을 창조해서 큰 것으로 바꿀 수가 있는데 사람들이 그런 생각 자체를 하지 못하는 상황에 있다. 한 사람이 충분히 많은 걸 바꿀 수 있는데 자격지심이 너무 심해서 안 된다. 사소한 게 정말 중요하다. 양자역학의 작용 때문에 사소한 생각 하나가 현실을 바꿀 수 있는 것이다. 물방울이 모여서 바다가 되는 원리가 아니라, 물방울이나 바다나 똑같다고 생각을 전환하면 된다. 둘 다 똑같은 에너지라고 보면 된다.

그래서 지구지배 이즈비가 만든 마인드컨트롤*의 첫 번째 목적이 분리다. 전부 단절시키는 거다. 1인 가구와 아파트가 분리와 단절의 대표적인 예다. 양자역학의 기본이 공간인데 건물이 따닥따닥 붙어 있으면서 공간이 없어졌고 콘크리트 벽으로 죄다 분리해 버렸다. 마인드컨트롤의 기본적인 작업이 분리니까 자연과는 반대의 성질인 것이다. 자연에는 공간이 있고, 여러 개가 모여서 하나가 되는 일체성이 있다는 것을 상기하면 지구지배 이즈비가 하는 짓들이 어떤 건지 한눈에 알 수 있다.

양자역학의 원리를 몸에 적용해야 한다. 몸에 적용이 되면 삶에 적용이 되고 당연히 인간관계 능력이 좋아진다. 내 몸에 모든 게 다 있기 때문에, 여기서 알려주는 기초 동작들이 몸을 통해서 일상생활에서 적용될 수 있도록, 사회성이든 인간관계든 영성이든 모든 것을 몸을 통해서 할 수 있도록 도와준다. 그래서 이 동작은 안 맞는 사람이 없다. 기초 동작은 누구나 다 충분히 할 수 있고 인간이면 그 정도는 움직여줘야 된다.

시선을 가까이 두면 행동반경은 그 영역 안에 국한된다. 시선이 중요

- **마인드컨트롤**_ 지구지배 이즈비가 만든 인간의식을 조종하는 전자시스템. 전직 미국 정보부 NSA 요원인 에드워드 스노든이 전 세계 민간인들도 감시받고 있고 그 내용이 미국 슈퍼컴퓨터에 저장된다고 폭로했다. 폭로과정이 다큐멘터리 시티즌포와 올리버스톤 감독의 '스노든'으로 영화화되었다. 하버드대공학박사인 로버트 던컨은 미국정부에 속아 CIA와 같이 개발에 참여했다고 양심선언을 했다. 그의 저서 『PROJECT SOUL CATCHER2』에서 일반인 프로그램과 타겟이 되어 전파공격을 받는 TI(Targeted Indivisual)프로그램이 있다고 밝혔다. 그는 TV 프로그램 '이영돈 PD가 간다' 제 2화 '전파가 나를 쏜다'에 출연하기도 했다.

<그림 1>

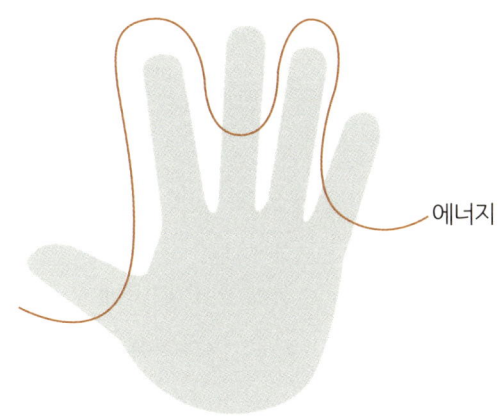

에너지

하다. 시선을 멀리 두면 동작이 훨씬 커진다. 동작할 때 시선을 이용하라. 소심하고, 소극적이고, 내성적인 사람이 동작을 크게 하고 팔다리가 움직이는 영역을 크게 하고 싶으면 시선을 멀리 두는 연습부터 하면 좋다. 그러면 자연스럽게 몸이 크게 움직인다. 몸을 크게 움직이니까 활동영역도 커진다.

그래서 학교에서 진행하는 재활 프로그램이나 심리 프로그램에는 반드시 몸동작이 들어가야 된다. 그렇지 않으면 아이들이 가정환경에서 받은 틀에서 절대로 벗어나지 못한다. 가장 쉽게 할 수 있는 훈련이 몸으로 하는 거다. 내 몸을 쓰니까 비용도 안 든다.

어쨌든 기본적으로 이렇게 에너지가 회전한다. <그림 1> 손가락 사이사이에 공간이 저절로 만들어져서 에너지가 왔다 갔다 할 수 있다. 그래서 손가락을 움직이면 몸 안의 에너지가 회전하고 장기가 움직이는 것이다.

　움직일 수 있는 관절이 가장 많은 곳이 손가락이다. 관절이 많아서 손가락으로 만들 수 있는 공간도 훨씬 많다. 그래서 손가락만 충분히 잘 써도 뇌의 혈액순환을 도와서 뇌를 좋아지게 할 수 있다. 손가락의 각도를 다양하게, 형태를 다양하게 하면 특히 머리가 잘 돌아간다. 뇌를 자극하니까 졸릴 때 손가락을 움직이면 졸음이 달아난다.

　몸 안에 있는 에너지를 순환시켜서 몸 자체가 스스로 깨어나게 하는 게 손가락, 발가락 부위이다. 스스로 깨어나서 자동으로 치유 작업이 일어나게 하는 부위다. 사람들이 발가락을 가장 안 쓰고 있는데 발가락을 많이 써라. 특히 하체의 자궁이나 장이나 신장이 안 좋은 사람은 발가락을 많이 쓰면 좋다.

08 | 영혼의 세계에 대한 여러 가지 이야기들

이즈비

인간이 가상현실, 시뮬레이션을 만들 듯이 이 세상에 일어나는 일들은 프로그램이 현실로 드러난 것이다. 과정이 똑같다고 생각하면 반야심경이 접근하기가 쉬울 것이다. 모든 사회 현상은 이즈비가 프로그램한 것이 현실로 나타난 것이다. 인간은 이즈비다.

　태어날 때부터 사람은 의식이 분리되어 있고 분리된 그 빈자리에 검은 에너지가 채워지도록 지구지배 이즈비들이 프로그램을 짜 놓았다. 검은 에너지를 빼내서 의식을 합치는 것이 바로 수련이다. 강도 높은 수련을 통해 강한 검은 에너지체가 빠지면서 분리된 의식이 합쳐지고 그러면서 이즈비에 가까워진다.

의식이 높아질수록 이즈비에 가까워지는데 이즈비가 되면 인체에 들어오는 것을 선택적으로 흡수할 수 있다. 이것이 이즈비의 능력이다. 그래서 코로나 같은 각종 질병을 피해간다.

지구 안의 모든 것들이 심각하게 오염되었다. 물고기가 살 수 없을 정도로 깨끗한 공기와 물을 마시는 것이 이즈비의 기억을 되찾는데 도움을 준다. 몸의 안과 밖 모두를 청정하게 해야 된다. 에너지도 히말라야처럼 깨끗하게 해야 된다. 지구는 지금, 우주의 패권 다툼에서 진 구세력이 지배하고 있다. 우주에서 주도권을 잃은 자들이다.

지구, 영혼의 성장이 가장 빨리 진행되는 곳

영혼의 나이를 주기라고 한다. 인간이 100년을 산다고 하면 영혼의 나이는 그보다 훨씬 많아서 주기라고 한다. 영혼이 성장하는 주기를 크게 네 단계로 볼 수 있다. 이번 주기에 영혼이 가장 빨리 성장할 수 있는 곳은 지구가 속한 우주에서는 지구뿐이다. 그래서 모든 우주에서 많은 영혼이 온다.

모든 우주의 영혼이 지구에 올 수 있고 지구에서도 모든 우주로 갈 수 있다. 지구에서 성장하고 졸업한 영혼들이, 다음에 지구가 위기에 처했을 때 도와주러 오겠다고 약속한 영혼들이, 봉사하러 오는데 대표적인 예가 예수님이다. 왜냐면 지구만큼 빨리 성장할 수 있는 곳이 없기 때문에 그것 자체가 엄청난 기회이고 축복이다. 그에 대한 감사의 표시로 봉사를 약속한다. 대부분 사람을 치유하는 힐링을 많이 하고 때로는 지구의 변화를 정치적으로 이끌기도 하는데 마틴 루터가 그런 예다.

환생 시스템

사람이 죽으면 영혼의 진로는 환생하는 경우와 우주로 가는 경우와 고향별로 돌아가는 경우 이렇게 세 가지가 있다. 환생은 지구에서 태어나는 걸 말한다. 영혼이 현생에서 만족하지 못 하는 경우 거의 다 환생한다고 보면 된다. 지구에서 해야 할 임무가 주어진 영혼은 그 임무가 끝나고 다음 임무를 수행할 때 우주로 간다. 공부든 임무든 완전히 끝나면 고향별로 돌아간다. 그리고 고향별에서 필요하다고 판단되면 강제로 소환하기도 한다. 그냥 데리고 간다. 안 되겠다 싶으면 고향으로 데리고 가서 그동안 지구에서의 행태를 보고 어디로 보낼지 결정한다.

  환생하는 영혼들의 대부분은 성숙하지 못한 영혼이다. 대부분의 영혼은 우주로 간다. 고향별로 가는 경우는 조금 드물다. 환생이나 우주로 가는 것보다는 드물다. 왜냐면 이즈비는 한 장소에 있는 걸 원하지 않기 때문이다. 고향별은 그야말로 주야장천 몇천 년씩 있는 곳이고 변화도 없고 그래서 고향별로 되돌아가는 걸 별로 원하지 않는다.

조상의 역할

원래는 조상의 역할을 지구의 에너지적인 운영을 위해서 지역별로 나눴었다. 그런데 외계종족*이 침입해서 그 역할을 하면서 조상이 할 수 있는 영역이 점점 줄어들었다. 조상이 했던 많은 역할 중에서 대략 50% 정도가 없어졌다. 외계종족의 등장으로 조상이 하던 일이 반으로 줄어버린 것이다. 현재 조상들이 50% 정도 부의 영역에 관여하고 있는데 영적으로는 훨씬 많은 역할을 담당하고 있었다. 지구가 영적인 것과 완전히 단절되면서 조상이 할 일이 없어졌다.

지구지배 이즈비를 어떻게 하면 몰아낼까, 이런 방법을 고심하느라고 영적인 역할도 없어졌고 그들을 지구에서 몰아내려고 많은 시도를 했지만 거의 다 실패했다. 특히 일제강점기 때 그동안에 했던 영적인 작업이 전부 묵살되고 없어졌다. 그나마 영적으로 훨씬 발전할 수 있었던 시기가 조선 후기 때였다. 실학으로 충분히 평민들도 영적으로 갈 수 있는 길이 열리려고 했는데 일제강점기에 들어서면서 완전히 없어져 버렸다. 정치인 중에도 외계인이 있는데 얘네들은 어떤 행동을 할지 예측불허다.

조상의 업

조상의 업이 보통 삼대까지 대물림 된다. 주로 첫째가 많이 받는데 이건 무의식이다. 무의식이 나의 행동을 결정하는 것이다. 이렇게 결정된 성격이나 기질을 자아라고 하는데 그래서 자아가 가짜라는 것이다. 조상들의 대물림이 후손들의 성격이나 기질에 영향을 주는 게 30~50% 정도다. 그런데 크리스탈, 스타시드 일부는 성격이나 기질에 영향받지 않고 대물림을 그냥 기운으로만 받는다. 이 에너지를 그냥 기운으로만 몸에 가지고 있다. 그래서 요즘 태어나는 아이들은 에너지 처리만 해도 대물림된 조상의 업이 다 없어진다. 성격으로 받는 사람은 심리치유가 필요

- **외계종족**_ 한반도에 정착한 최초 인류인 한족(韓族)과 지저세계를 건설한 종족외에는 모두 외계종족이라고 부른다.

하다. 그래서 가족세우기가 심리치유에 가장 효과적인 방법 중에 하나인 것이다. 그렇게 가족세우기가 지구의 변화에 일조하고 있다.

월의 좌

영적인 세계의 달력은 1월부터 13월까지 있고 각각의 월마다 좌(座)가 있다. 1월의 좌를 법정 스님이 열었다. 1월의 좌는 다른데 관여하지 않고 올곧게 자기의 길만 가는 특징이 있다. 7월의 좌가 세상 조정자인데 이건 ○○가 열었고 현재 수행 중이다. 13월이 완성이다.

어떤 큰 계획은 13월의 좌가 열려야 완성된다. 큰 계획이 완성되려면 13월의 좌가 작용해야 하는 것이다. 앞으로 회원들 모두 월의 좌가 한 개씩은 열릴 수 있는데 좌명* 보다 월의 좌가 힘이 훨씬 강하다. 이게 열리면 보통사람은 감당하지 못한다.

법정 스님이 엄청 세니까 1월의 좌를 연 것이다. 1월의 좌를 여는 건 진짜 힘든 일이다. 누군가 월의 좌를 열 때까지 힘이 엄청 세진다는 의미다.

여기 회원들이 하나씩은 연다고 했을 때, 지금 현재는 이렇지만, 계속 수련하면서 힘이 세질 수 있다. 힘이 세지면 일단 어떤 두려움에서도 벗어날 수 있다. 수행할수록 점점 더 두려움으로부터 자유로워진다. 월의 좌를 연다는 건 하나의 성취를 이루었다는 의미다. 남들이 따라오기 힘든, 보통사람이 할 수 없는 것을 이룬 것이다. 이런 변화의 과정을 견디

• **좌명(座名)**_○기 수련 용어. 좌와 명을 합친 말로 좌는 영혼의 자리를 말한다. 명은 방향성, 역할을 말한다. 좌명은 화살표, 벡터라고 볼 수 있다.

려면 먼저 몸이 바뀌어야 한다.

안락사, 낙태

 안락사가 필요하다. 이미 영혼이 떠났기 때문에 목숨을 연명할 필요가 없다. 낙태도 필요하다. 이상한 영혼이 들어올 수가 있다. 사이코 영혼이 태어나지 않게 하려면 낙태가 가장 깨끗한 방법이다. 일반적으로 영혼이 인간의 몸으로 태어나기 전에 부모를 결정하는데 성폭행을 당해서 임신했을 경우는 다르다. 사이코 같은 영혼이 들어 올 수 있다. 그래서 낙태는 필요하다.

 선천적으로 불임인 경우는 이유가 있는데 그런 경우 억지로 인공수정으로 태아가 생기게 하는 것은 좋지 않다. 시험관 아기의 경우 시험관이라는 아기가 태어나는 공간이 너무 극악무도하다. 엄마의 뱃속이 아닌 그런 공간이 뭐로 만들어졌든 가공품이기 때문에 아이에게 안 좋다. 거의 석유로 만들어진 것인데 그게 너무 안 좋다. 그 공간에 있는 동안 인간의 가장 기본적인 것이 형성되는데 인공적으로 만들어진 관에서 뭐가 제대로 형성될 수 있을까. 아무리 아이를 갖고 싶다 해도 시험관은 안 좋다. 차라리 입양해라. 지금 버려지는 아이가 너무나 많다. 항상 보면 인간들이 하는 일은 이중으로 더 안 좋아진다.

 중국에서는 유전자를 조작해서 인공수정을 한다. 그렇게 조작된 태아에 어느 영혼이 들어가겠나. 지금 로봇 만드나. 로봇이 있을 거면 지구에 왜 있나. 지구가 있을 필요가 없다. 자연이 필요가 없다. 이즈비가 창조한 지구라는 행성을 대체 뭘로 보는 거냐. 인간들은 도대체 자연을 뭘로 보냐. 인간이 만드는 것 중에 쓸모 있는 게 없다. 스스로 자신을 망치고 자살하는 격이다. 아무리 안 좋아도 이렇게까지는 안 좋은 적이 없었다. 지구가 생겨난 이래로 지금이 최악이다.

  개, 강아지, 고양이는 동물이다. 동물은 사람이 아니다. 동물과 사람은 다르다. 동물을 사람 취급하는 것은 인간의 존엄성을 해치는 것이다. 그렇게 되면 영혼이 인체에 안착하지 못한다.

3장

명상과 수련, 힐링에 대한 이해

01 │ 몸 수련의 필요성

우주의식과 연결되기 위해서는 일단 정수리와 중단전, 하단전 이 세 부분이 다 뚫려야 된다. 마음은 영성, 영혼과 연결되고 정신은 우주와 연결이 된다. 마음으로 우주의 원리를 실천하는 것이다. 원래는 이렇게 연결되어야 정상인데 일반인의 경우 지구의 특수한 상황 때문에 완전히 차단되었다. 이걸 연결해주는 게 수련이다. 마음으로 연결되어야 정상인데 그게 되어 있지 않아서 몸 수련으로 육체의 에너지 통로를 다 열 수밖에 없는 특수한 상황이다. 먼저 인식, 인지가 되어야 한다. 모든 것은 내가 누구인지 아는 것으로부터 시작된다. 나를 보는 알아차림, 위빠사나를 통해 나를 알아야 다른 사람을 알 수 있다. 그 이후에 카발라*의 생명나무**와 대인관계를 스스로 조절할 수 있게 된다.

사람들의 인체 파장을 크게 세 영역으로 나누면 50Hz 이상인 사람이

30%, 20~50Hz 사이가 40%, 20Hz 이하인 사람이 나머지 30%이다. 지구에서 수행한 사람들의 파장은 대부분 50Hz 이상인데 이런 사람들은 20Hz 이하의 파장을 가진 사람들을 만나면 몸이 힘들어한다. 같이 있으면 힘든 사람이 있는데 파장이 달라서 그렇다.

지구에는 모든 우주의 영혼들이 다 있다. 모든 파장대의 영혼들이 다 있기 때문에 집단에서 파장대가 높은 사람이 많은 경우에는 낮은 사람의 파동이 상쇄되지만 파동이 낮은 사람이 더 많으면 오히려 높은 사람의 능력이 저하된다.

회사에 이런 낮은 파장의 사람들이 보통은 $1/3$ 정도 있는데, $2/3$까지 차지하게 되면 회사가 오래가지 못한다. 인사담당자가 사람을 뽑을 때 말 잘 듣는 사람만 뽑는다. 개혁적이고 반항적이고 바른말 하는 사람은 얼굴 보면 딱 아니까, 이런 사람은 뽑지 않고 노예로 잘 부려먹을 수 있는 사람, 순응적인 사람만 뽑는다. 회사가 계속 발전해야 살아남는데 이런 사람들만 뽑아 놓으니까 오래가질 못한다. 이런 사람들의 에너지를 상쇄시켜서 회사를 바꿀 수 있다.

차원 상승에 굉장히 중요한 역할을 하니까 한 사람의 파동이 올라가는 것도 대단히 소중하다. 한 사람이라도 파장이 올라가면 많이 상쇄시켜서 사회의 부정적인 것을 많이 없애준다.

한국에서 5.18 광주민주화운동 같은 일이 일어났음에도 민란 같은 게 일어나지 않은 이유는 높은 파동을 가진 사람들이 분노, 복수 같은

- **카발라**_ 유대교 신비주의 사상을 말한다. 히브리어 '키벨'에서 온 말로, 전래된 지혜와 믿음을 가리킨다.
- **생명나무**_ 창세기에 나오는 어구이며, 하나님이 에덴동산 한가운데 심은, 불로장생과 같은 영원한 삶을 주는 열매를 지닌 나무를 말한다.

낮은 파동의 에너지를 상쇄시켰기 때문이다. 보이지 않는 이런 힘의 영향으로 그나마 사회가 유지되고 있다.

심장은 영혼이 안착하는 곳이고 마음이 위치하는 곳이다. 명치가 창조를 일으키는 진아, 참나, 이즈비가 있는 곳이다.

가슴 에너지를 너무 많이 쓰지 마라. 사랑을 준다고 너무 과하게 쓰면 안 된다. 마음을 너무 많이 다른 사람한테 주면 안 된다. 내 것은 남겨 놔라. 다른 사람한테 마음 써봐야 에너지만 소모되고 이용당한다. 70%의 사람들이 남에게 이용당하고 사기당하는데 다행히 30%는 영리해서 잘 피한다. 드물게 중단전이 아주 강해서 다른 사람에게 에너지를 주어도 자신의 에너지가 소모되지 않는 특수한 사람들이 있다.

대표적인 예가 대행 스님이다. 일반인의 경우 너무 과하게 쓰면 전체 에너지의 10~15%가 소모된다. 이걸 다시 채우려면 많은 시간이 걸리고 체력적인 소모도 많다. 이즈비의 입장에서는 그렇게 소모되는 에너지가 너무 아깝다. 이걸 채우려면 시간이 엄청나게 걸린다. 너무 과하게 쓰면 에너지장이 깨져서 다시 복원되지 않을 수도 있다. 이즈비 종류별로 에너지를 쓰는 구조가 다르다. 그래서 절제가 중요하다. 뭐든지 과하게 하면 안 된다. 나한테 적절하게 해야 한다.

02 ｜ 자기 자신을 통하지 않고서는 절대로 우주를 알 수 없다

인체의 에너지장을 오라라고 하는데 오라의 층은 보통 세 겹에서 다섯 겹이다. 정화는 오라의 바깥쪽 껍질을 벗겨내는 작업이라고 보면 된다. 한마디로 에너지장에 낀 때를 벗겨내는 게 정화다. 이 바깥층이 정돈되면 그때부터 명상이 제대로 된다. 처음에는 외피부터 정화에 들어간다. 외피에서 정화가 오래 걸리는 사람은 지구에서 환생한 횟수가 많은 경우다. 일반인들이 하는 걷기 명상이 이런 정화의 과정에 속한다. 이런 과정을 마친 후 자아탐구를 할 수 있다. 자아탐구는 내면으로 직접 들어가는 것이다.

자아탐구는 의식이 몸을 파고드는 거라고 보면 된다. 몸의 아주 깊숙한 곳으로 들어가야 진아를 찾을 수 있다. 몸의 뼈와 살은 모든 생애의 정보를 다 가지고 있다. 그래서 진아에 도달해서 나를 알아가면서 우주의 모든 것을 알게 된다.

몸이 정보를 갖고 있기 때문에 자기 자신을 통하지 않고서는 절대로 우주를 알 수 없다. 모든 생이니까 이즈비의 모든 생을 말한다. 내가 다른 행성에 있었을 때의 기억도 다 가지고 있다는 뜻이다. 그리고 이즈비의 모든 정보를 접하면 그게 곧 내 능력이 된다. 이즈비의 능력이 그때부터 발현돼서 현실에서 사용할 수 있다. 그래서 스승들이 이즈비를 깨우는 방법이 자아탐구라고 하는 거다. 지구를 바꾸기 위해서 사람들의 능력을 모두 깨우려 하고 있다. 이즈비의 능력을 깨워서 현실에서 사용하게 하려는 과정이다. 그래서 일부러 더 급하게 사람들을 돌린다. 바쁘

게 하지 않으면 절대로 일을 하지 않기 때문에 그렇다.

    자아를 완전히 벗어나는 게 초자아의식이다. 자아가 가짜라는 걸 알고 이걸 완전히 초탈하는 것이다. 초의식은 자아가 있는 상태에서 일어나는 체험으로 보면 된다. 가끔 초의식을 체험하는데 이때 사이비 교주가 되기 쉬우니 주의해야 한다. 자기의 자아는 변한 게 없이 그대로인데, 리딩*이 되거나 빙의가 되어서, 우주적인 뭔가를 체험하는 초의식 상태로 들어간다. 사람들이 그런 체험으로 뭔가 성취했다고 자신이 깨달았다고 생각할 때 사이비 교주가 된다.

    초자아의식으로 가야 한다. 초자아의식 상태에서는 자아가 어떤 건지 완전히 알고 있다. 자아를 완전히 초탈해버린 사람, 이 길로 가야 한다. 초의식 상태는 누구나 체험할 수 있다. 여기서 무아 체험을 많이 하는데 그럴 때 '모든 게 공이다'라고 말하는 사람들이 많이 나타난다. 아무 의미가 없다고 허무로 빠진다. 그래서 스님이나 수도자들이 이쪽으로 많이 빠져서 현실적인 걸 완전히 버린다. 그냥 히말라야에만 있고 싶은 상태가 되어버린다. 수행자들이 대부분 여기에 빠져서 현실을 무시하고 육체도 무시한다. 몸으로 수행해야 정확하게 가는데 몸을 무시한다. 이게 수행자들이 가장 빠지기 쉬운 오류다. 몸을 가지고 있는데 몸이 제 기능을 못 하고 몸도 그냥 물 같다고 한다. 근력을 쓰고 힘을 써야 하는데 몸이 그러니까 당연히 돈도 잘 못 벌고 현실적인 게 힘들어진다. 한쪽으로 쏠리니까 몸이 그럴 수밖에 없다.

-    **리딩**_에너지의 정보를 읽어서 해석하는 것.

도 닦다가 죽은 수행자는 현실에 집착이 많아서 천도가 가장 힘들다. 차라리 도 닦는 사람들은 환경이 아예 물질적인 곳에서 태어나는 게 좋다. 이런 사람들이 물질을 너무 무시하면서 채식을 하는데 오히려 육류를 먹는 게 낫다. 이런 사람들은 동물성 지방을 섭취해야 체온을 유지할 수 있는 아주 추운 곳에서 태어나서 살아봐야 한다. 이런 사람들은 몸부터 균형이 깨진 상태라서 성장하는 게 어렵다. 일반인들은 생활 속에서 마음공부를 이미 하고 있으니까 오히려 괜찮다. 육아가 힘드니까 여성들은 아이를 통해서 많이 배운다. 내려놓고 포기하는 걸 아이를 키우면서 배운다. 차라리 그런 사람들이 훨씬 낫다.

03 | 명상과 수행

능력으로 보는 수행의 4단계

태권도는 인간계*에서 만들었다. 태권도에서 등급을 단으로 나누는 것처럼 수행을 네 단계로 나눌 수 있다. 단계에 따라서 에너지의 형태가 조금씩 바뀐다.

1단계에서 갖춰야 할 것이 있다. 여기가 물질계니까 물질적인 기본 바탕이 갖춰져야 형태가 만들어진다. 수는 수리의 수로 이해하면 된다.

• **인간계**_ 영혼의 여섯 종류인 인간계, 선인계, 마법계, 천사계, 지혜계, 자연계 중의 하나. 인간계의 대표적인 인물은 석가모니 부처이다.

수를 이해하는 것이 곧 우주를 이해하는 것이기 때문에 형태가 갖춰지면 수리를 이해하면서 우주의 기본 원리를 내 몸과 생활 속에서 활용할 수 있게 된다. 1단계의 수준은 이사 가는 날을 정하거나 인테리어 공사를 하거나 어느 장소에서 사업을 할지 정하는 것에 풍수지리를 적용할 수 있는 정도라고 보면 된다.

2단계에서는 구조를 활용할 수 있다. 구조로 지역의 에너지도 바꿀 수 있다. 지역의 형태를 구조로 바꿀 수 있으면 수를 사용할 수 있게 된다. 수로 인간의 마음을 사용할 수도 있다. 어떻게 보면 이건 정치라고도 볼 수 있는데 마음으로 기업경영 같은 걸 할 수 있게 된다. 기업경영에서 가장 중요한 게 사람 관리인데 마음으로 사람을 관리한다는 뜻이다.

3단계에서는 에너지를 써서 환경을 운영할 수 있다. 자연환경까지도 자신의 삶에 결합시킬 수 있다. 이것을 형태로 보면, 자연 원리를 그대로 인간의 삶에 적용하면 전기 같은 게 필요가 없어진다. 이렇게 실생활에 수를 적용하면서 과학기술이 발전하는 것이다. 지금 인간이 알고 있는 과학이 아니라, 원리에 의한 건데, 에너지와 구조가 결합 되어서 뭔가를 창조해내는 것이다. 인간계 영혼인 장영실의 발명품이 이 3단계 수준이었다.

마지막 4단계는 우주와 지구를 알고 지구가 속한 우주와 그 이상의 세계도 다 아는 단계이다. 그러면 육체를 통해서 어느 세계든 내가 의도하는 대로 왔다 갔다 할 수 있다. 육체를 가지고 갈 수 있는 곳은 가지고 가고 육체의 형태를 바꿔서 갈 수도 있다. 이건 수리를 사용해야 한다. 개인마다 수행의 단계가 다르기 때문에 수련은 맞춤으로 가야 한다.

명상의 네 단계

1단계는 에너지 정돈이다. 양쪽 발등이 바닥에 닿게 편안하게 앉는다. 팔은 앞으로 나란하게 벌린다. 손바닥은 서로 마주 보게 하고 손가락을 최대한 벌린다. 그 상태에서 팔을 굽히지 말고 박수를 다섯 번 친다. 그러면 명치에서 하단전까지 에너지가 일자로 잡힌다. 팔을 편안하게 내리고 턱은 당기고 등을 펴서 척추를 일자로 한다. 그러면 목에서 에너지가 뚝 떨어진다. 편안하게 있으면 눈꺼풀이 저절로 아래로 내려간다.

호흡은 아랫배로 하는 거다. 숨을 깊게 마시는 건 아니고 자연스럽게 호흡하고 배만 움직인다. 손을 무릎 위에 올리면 에너지가 새지 않는다. 이 상태에서 허리를 약간 뒤로 움직여서 척추를 일자로 만든다. 여기서 숨을 멈추고 10초 정도 있으면 에너지가 잡히면서 고정된다. 숨을 내쉬고 어깨를 떨어뜨리고 10분 동안 호흡을 자연스럽게 한다.

2단계는 트라우마 해소다. 머리부터 발끝까지 스캔하면 시커멓게 막힌 부분들이 보인다. 그 부분에 의식을 두고 집중명상을 한다. 의식을 그 부분에 그냥 두면 된다. 막힌 원인이 영상으로 보이든가 느껴지는데 사람마다 다르게 나타난다. 이렇게 원인이 드러나는 것으로 자신에게 트라우마가 있다는 것이 증명된다. 그렇게 보면서 알아차리면 해소된다. 이게 위빠사나다. 위빠사나가 어느 정도 됐을 때 3단계 몸 수련으로 들어간다.

기공체조를 해도 몸 안에서 에너지가 돌지 않는 사람이 있는데 1, 2단계가 되어 있지 않아서 그렇다. 1, 2단계가 어느 정도 되어 있어야 에너지가 돌아가는 운기 작용이 된다. 몸 수련이 되면 4단계인 참나로 들어가는 자아탐구가 된다. 여기서부터가 진짜 명상이고 본래 명상이다. 여기서부터 체험하는 것은 진짜라고 보면 된다.

4단계가 영혼을 공부할 수 있는 단계이다. 4단계에서 '지금 여기 이 순간'을 살 수 있게 된다. 현재에 있음으로 존재하는 것이다. 나를 보는 연습을 충분히 해서 내가 보여야 된다. 항상 깨어 있는 게 알아차림이다. 3단계와 4단계 사이가 알아차림 명상이다. 그게 되어야 '지금 여기에 있는 것'이 된다. 내가 보여야 알아차림이 된다. 매 순간 알아차림이 되면 '지금 이 순간'에 있게 된다.

싱잉볼 명상은 1단계인 에너지 정돈에 도움이 되고 가족 세우기나 힐링은 2단계인 트라우마 해소에 도움이 된다. 삶 자체가 공부이니까 살면서 나를 보는 게 3단계에 도움이 된다. 사람들 대부분이 3단계 몸 수련에 대한 인식이 없어서 4단계로 못 가고 있다. 3단계만 하고 1, 2단계를 무시해도 최종 4단계로 갈 수 없다.

몸 수련을 열심히 해도 의식 수준이 낮은 사람이 있는데 위빠사나가 안 되어서 그렇다. 나를 볼 수 있어야 하는데 나를 못 보니까 그렇다. 그게 안 되니까 욕망만 일어난다. 몸수련만 하면 오히려 의식 수준이 더 떨어지는 경우가 많다.

탄트라

탄트라*는 에너지로 몸이 이완되는 걸 말한다. 성 에너지 자체가 몸을 이완해주는 에너지다. 물론 이완이 되면 성적인 게 많이 올라오기는 하는데 이것도 결국 몸의 이완이다. 몸을 이완해서 열리기 힘든 부분들을 열어주는 거다. 현재는 탄트라의 의미와는 다르게 너무 쾌락과 욕망에 이용해버린다. 물론 성행위가 고관절을 잘 써서 몸을 여는 방법이기는 하지만 성행위가 아니어도 고관절을 열어주는 동작을 충분히 하면 잘 열린다. 탄트라의 의미가 너무 잘못 알려졌다.

가슴 부위인 네 번째 차크라**로 두 번째 차크라가 있는 몸의 부위를 치료하듯이 마찬가지로 회음부에 있는, 첫 번째 차크라 주위에 있는, 차크라가 명치 부위를 치료해주고 열어주는 역할을 한다. 열어준다는 것과 치료해준다는 의미는 치료가 되어야 열리는 거니까 같은 의미라고 보면 된다. 명치와 횡격막, 늑골 부위를 치료해주고 열어준다. 몸이 열릴 때 조금 가렵다. 가려울 때 그 부위를 움직여주면 빨리 열린다. 에

- **탄트라**_ 베다 성립 이후에 형성된 산스크리트 경전을 말한다. 탄트라는 대개 힌두교의 대중적 요소들을 다룬다. 힌두교 탄트라, 불교 탄트라가 있고, 이 책에서는 몸을 이완시키는 방법을 말한다.
- **차크라(Chakra)**_ 산스크리트어로 '바퀴'라는 뜻이며, 프라나-Prana(氣)의 집결체라고 할 수 있다. 차크라는 육체적 수준에서 내분비계와 직접 관련된 회전하는 에너지의 중심지점으로 에너지를 받아 진행시키고 전달하는 기능을 담당한다. 또한 교감신경계, 부교감신경계 및 자율신경계와도 상호관계를 맺고 있으며, 우리의 온몸 구석구석과 긴밀히 연결을 맺고 있다. 정수리와 척추를 따라 존재하는 일곱 개의 차크라가 명상과 신체수련에서 중요시 된다. 일곱 개의 주요 차크라는 다음과 같다. 1번 차크라 : 물라다라 차크라(Muladhara Chakra), 뿌리 차크라. 2번 차크라 : 스와디쉬타나 차크라(Swadhisthana Chakra), 천골 차크라. 3번 차크라 : 마니푸라 차크라(Manipura Chakra), 태양 신경총 차크라. 4번 차크라 : 아나하타 차크라(Anahata Chakra), 가슴 차크라. 5번 차크라 : 비슈디 차크라(Vishuddha Chakra), 목 차크라. 6번 차크라 : 아즈나 차크라(Ajna Chakra), 미간 차크라. 7번 차크라 : 사와스라라 차크라(Sahasrara Chakra), 정수리 차크라.

너지의 마찰로 열리는데 마찰력 때문에 가렵다.

문_"여자도 깨달을 수 있다. 의식이 깨어날 수 있다"라고 하셨는데 우리나라에서는 대행 스님이 있으셨고 동남아에는 여승이면서 깨달은 계보가 있나요?
답_계보는 없고 산골 구석구석에 몇 명은 있었다. 알려져 봐야 여자라는 이유로 엄청난 핍박을 받을 게 뻔하니까 알려지지 않는 게 오히려 낫다. 잘 숨어 있다.

문_우리나라에도 대행 스님 외에 그런 경우가 있나요?
답_대행 스님 외에는 거의 없다고 보면 된다.

일단은 역사적으로도 사회적인 분위기가 거칠어서 여자가 뭘 할 수 있는 분위기가 아니었다. 거친 에너지와 분위기는 강박증을 유발하는데 강박증 때문에 힘들다. 강박증을 더 강하게 키우는 게 사회적 억압이다. 오히려 조선 시대 화가들이 성에 대해서 상당히 개방적이었다. 그 시대 사람들이 훨씬 열려 있었다. 지금은 그냥 감옥이다. 솔직히 현대 문명, 자본주의 사회에서 자유롭게 할 수 있는 게 뭐가 있나. 완전한 자유가 없다. 일단 돈으로 다 막아 놨다. 자유 없이는 아무것도 안 된다. 자유가 있어야 이완이 되고 하는데 일단 사회적인 틀로 제한을 하니까 어렵다. 생각이 이미 몸을 제한해버리기 때문에 이런 사회구조에서는 몸이 열리기 힘들다.

문_완전한 자유는 어떤 걸 말씀하시는 건가요?
답_생각, 사회적 제도, 무엇이든 나를 구속하는 게 아무것도 없어야 한다는 뜻이다.

어떻게 그런 기제가 나타나는지를 보라. 고구려나 조선 시대와 지금 시대는 다르다. 예를 들면 술을 마시고 싶은 마음의 작용이 그때와 지금은 많이 다르다. 그때가 술이 훨씬 좋았다. 몸에 숙취라는 게 있을 수가 없었다. 그때 성생활을 하지 못하는 사람들이 술로 이완되는 효과를 누렸다. 소심해서 성생활을 하지 못하는 남자들이 술을 마시고 그랬지 다른 이유는 없었다. 여자들보다 더 부끄러움 타는 남자들이 은근히 많다.

30분 명상

보통 30분 명상을 하면 10분 정도는 에너지 정리 및 정돈을 하고 10분 정도 본 명상인 삼매에 들어간다. 삼매에 들면 의식이 매우 깊은 곳에 들어가기 때문에 현재 의식으로 돌아오는 시간이 필요하다. 그래서 마지막 10분 정도가 있어야 한다. 보통 이렇게 하고 삼매에 드는 시간을 계속 늘려야 된다.

인간으로 태어난 기회가 아까운 사람들이 있다. 인간으로 태어나는 게 어렵고 힘들다. 그걸 알면 인간으로 태어난 기회와 삶에 감사하게 된다. 영화 '신과 함께'가 주는 가장 중요한 메시지는 인간으로 태어나는 게 힘들다는 걸 알고 감사하게 생각하라는 것이다. 영혼, 마음, 정신, 몸이 조화롭게 가야지 한 가지만 해서는 절대 해결이 안 된다. 사람들이 자기가 하는 방법이 최고라고 생각하고 다른 걸 배우지 않는다. 다양한 방법으로 통합적으로 배우고 접근해야 한다.

04 | 만트라*의 파장과 기능

"옴 아니바 바슈데바야 훔"

파장의 높고 낮음을 상·중·하로 나눠서 설명하면 이렇다.

   옴-중, 아니바-하, 비슈데바야-하중하, 훔-가장 하.

   각각의 만트라가 가진 고유한 파장이 그 파장대의 인체를 정화해준다. 파장별로 작용이 다르기 때문에 그 파장대에 있는 어두운 에너지를 없애준다. 만트라에는 이런 효과가 있어서 한 가지 만트라만 하는 것보다 여러 개의 만트라를 하는 게 좋다.

   또 '바슈데바야' 같은 경우는 리듬도 있다. 이렇게 리듬이 있는 부분은 뼈와 근육 사이에 있는 검은 탁기를 없애준다. '훔'은 가장 낮은 파장이니까 어둠의 에너지를 파괴하는 힘이 있다. 가장 많이 하는 만트라가 '옴 마니 반메 훔'인데 이 만트라는 약한 파장이다. '옴'보다는 '훔'이 강하고 '마니' '반메'가 사람들한테서 받은 독기를 빼준다.

"바 라르타야 스시바 욤"

이 만트라는 나와 관계되어있는 저쪽 어둠의 세계를 끊어준다. '욤'은 정확하게는 '옴'과 '용' 사이인데 '욤'에 가장 가깝다.

- **만트라**(Mantra)_ 진언이라고도 한다. 힌두교와 불교에서 신비하게 영적 또는 물리적인 변형을 일으킬 수 있다고 여겨지고 있는 발음, 음절, 낱말 또는 구절을 말하며, 밀주 또는 다라니라고도 한다.

"바 르바타야 스바야 욤"

이 만트라는 내 몸에는 열리지 않아야 할 것들이 있는데 그게 열렸을 때 닫아준다. 그게 열려 있으면 안 좋은 것들이 죄다 들어온다. 열린 것을 닫아도 힘이 없으면 다시 열리는 데 그 힘을 오체투지가 키워준다.

문_이 만트라들은 문헌에는 없는 건가요?
답_아마 찾아보면 있을 거다. 만트라는 아마 다 있을 거다. 그런데 구체적인 기능은 아마도 안 나와 있을 거다. 사람들이 알아도 얘기를 안 해준다. 이 만트라가 어떤 기능을 하는지 알아도 요기나 스승 같은 이들이 얘기를 잘 안 한다.

"옴 아오가 아르가 스바디 훔"

이건 승인의 만트라이다. 내가 어떤 장소에 가서 허가를 받아야 할 경우, 저쪽 세계의 허가를 받아야 하는데 그때 문과 열쇠가 있어야 된다. 또 어떤 일을 시작하는 경우에도 문과 열쇠가 있어야 되는데 그 두 가지가 다 들어 있는 만트라다. 해외에 있는 사원에 들어가기 전에 이 만트라를 외면 뭔가가 바로 열린다. 사원이 저쪽 세계랑 연결되어 있어서 승인이 나면 바로 도와준다. 한 마디로 소원을 성취하는 만트라다. 보통 만트라 명상은 다섯 명 이상 모여서 할 때가 가장 좋다.

05 | 치유의 세 가지 방법

첫 번째, 마음에서 마음으로 직접 가는 방법이 있다. 두 번째, 에너지적인 설득이 있는데 이게 예수님의 방법이다. 말로도 설득하고 빈손으로 빵을 창조해서 보여주는 그런 방법으로도 설득한다. 세 번째, 스스로 알 수 있게 구조로 치료하는 방법으로 기공 같은 것이 있다. 구조를 바꿔서 치료하는 것이다. 공간도 마찬가지로 건물이나 사물의 배치를 바꿔서 그 지역을 치유할 수 있다. 세 번째 방법이 가장 어렵다. 스스로 터득해서 하는 방법이고 부처님이 쓰신 방법이다. 한마디로 한 우물을 계속 파는 것이다. 거기에서 완전히 깨달음을 얻어서 다른 것에 적용한다.

크게 이렇게 세 가지 치유 방법이 있는데 세세하게 들어가면 테크닉이 굉장히 다양하다. 자신이 살면서 알게 된 것을 다 종합하면 무한대의 방법이 나온다. 지구에 출현한 방법들이 아직 10%도 안 되기 때문에 무한하다. 틀을 가지지 말고 무엇이든지 시도해봐라. 성공할 확률을 높이기 위해서라도 많은 시도를 해야 한다. 시도 자체가 중요하다.

남 눈치 보지 않는 게 가장 중요하다. 이게 한국인의 가장 고질적인 병이다. 이제야 미투˙운동이 시작되었는데 훨씬 전에 드러났어야 했다. 눈치 보는 문화만 없었으면 한 번에 다 드러났을 것이다.

한국에 있는 집단의식이 긍정적으로 작용해서 충분한 효과를 거둔

• 미투(Me Too)운동 _ 자신이 당한 성범죄 피해 사실을 알리는 캠페인으로 2017년 10월 미국에서 시작되었다. 소셜 미디어에 해시태그(#MeToo)를 달아 수많은 개인이 피해 사실을 고발하면서 대중화되었다.

것이 '2002 월드컵 4강 진출'과 '촛불 혁명'이고 나머지는 다 좋지 않게 작용해서 현실이 이렇다. 어느 쪽으로 쓸 것인가를 선택하는 개인의 생각이 방향의 열쇠다. 모든 열쇠는 개인이 가지고 있다. 충분히 좋은 쪽으로 선택할 수 있다.

힐러마다 치유할 수 있는 사람이 다 다르기 때문에 경쟁이란 게 있을 수 없다. 밥그릇 싸움은 있지도 않은 걸 만들고 있는 거다. 치유하고 해결할 수 있는 에너지들이 파장대가 다 다르다. 치유가 완전히 되려면 여러 사람한테 가야 한다. 그래서 힐러들은 경쟁할 필요가 없다. 힐링과 일반 상품은 완전히 다르다. 복지사도 비슷하다.

한국인들이 분류를 너무 못한다. 내가 할 수 있는 것과 할 수 없는 것을 구분하지 못한다. 내가 할 수 없는 것까지도 계속하려고 하니까 인생이 망가진다. 이게 한국인들이 경제적으로 힘든 가장 큰 이유다. 시장이 없으면 시장을 만들어야 한다. 개척해야 한다. 개척은 현재 있는 것에서부터 시작해서 확장되어야 한다. 현실을 아는 게 굉장히 중요하다. 현실적으로 할 수 있는 방법을 찾아라.

한국인들이 에너지적인 것에 대한 인식 자체가 없으니까 무조건 점쟁이나 무당한테 가고 그런다. 거의 다 에너지로 치유할 수 있는 데 갈 데가 심리상담이나 정신과 치료밖에 없으니까 거기로 갈 수밖에 없다.
에너지 치유는 기회로가 담당할 수 있다. 일반인들도 치유가 되면 조금씩 열리기 시작한다. 의식이 깨어나는 데 도움이 된다. 일반인들은 현실적이기 때문에 의식이 조금만 깨어나도 현실이 금방 바뀐다. 현실은 정치인이 아니라 깨어난 일반인들이 이끌어가야 한다. 생각이 바뀌면 사회가 바뀐다. 그리고 문화예술이 치유를 담당할 것이다. 방과 후 수업에 문화예술 프로그램이 많이 들어가고 있다. 앞으로 이 시장이 커질 것이다. 이런 콘텐츠를 통합해서 개발해라. 물질적인 것들을 지금부터 찾으면 나온다. 여러 가지로 할 수 있는 것이 많다. 거기서 새로운 사업이 창출될 수 있다.

06 ○기 수련

○기 수련이란 무엇인가

○기 수련*의 자유 기동작은 근원에너지가 나를 이끌도록 하는 것이다. 나를 이 에너지 흐름에 맡긴다는 뜻이다. 생각이 많고 관념이 많고 틀이 많은 사람은 동작이 전혀 안 나온다. 살면서 무의식적으로 생기는

- **○기 수련**_ 근원에너지인 ○의 흐름을 따르는 수련을 말한다. 다음과 같은 용어들이 있다.
  기동작_ 내 에너지의 흐름에 따라 몸을 움직이는 것을 말한다.
  기회로_ 기동작을 종이 위에 도구를 사용해서 그리는 것. 보통 볼펜이나 먹을 많이 쓴다.
  사무처리_ 에너지 처리의 한 방법으로 부족한 면이 있을 때 보충해주고, 정리해주고 수행의 방향을 잡아주는 역할을 한다.
  기운영_ 특정 장소가 사무처리시 기술(문자)로 나오는데 그 장소에 가면 된다. 그 장소의 에너지가 필요한 것이다.
  기대사_ 수행하는 사람이 같이 있기만 해도 에너지 교환은 이루어진다. 서로 부족한 것을 채워주고 안 좋은 것은 나가는데 여럿이 모여서 특정 목적으로 행하는 경우(에너지 정돈, 정화, 트라우마 해소 등) 같은 인식을 가지고 기동작을 하기도 한다.

관념이나 외부에서 주입식으로 들어온 관념들은 수정같이 체*로 만들어진다. 이 체를 없애지 않으면 영혼의 길로 갈 수 없다. 그래서 현대인들은 이 틀을 깨는 작업을 많이 해야 비로소 동작이 나온다. 동작이 안 나오는 사람들은 다른 명상으로 틀을 먼저 깨야 한다.

이 틀이 깨지는 경우가 인생에서 큰 사건을 겪을 때인데, 가까운 사람의 죽음을 접했을 때 확 깨지는 경우가 있다. 해외에 나가서 문화 충격을 받았을 때 또는 어떤 사람에 의해서 이 틀이 깨지는 수도 있다. 나이 든 분들은 자기 주관이 워낙 강해서 ○기 수련을 하기가 참 힘들다. 젊은 사람일수록 자유기동작은 바로 나온다.

○기 수련은 철저하게 영혼의 길로 가게 하는 수련이다. ○기 수련은 좌와 명이 나오면서 비로소 시작된다고 볼 수 있다. 먼저 자리를 말하는 좌가 짜지고 그다음에 방향과 영혼의 길을 말하는 명이 정해진다. 수련을 꾸준히 하면 대부분 좌와 명이 나온다.

사무처리를 통해 처음에는 탁기와 잡기를 제거한다. 이때 기동작이 나올 수 있게 하는 유도 회로가 자연스럽게 들어간다. 대개 사무처리를 몇 개월 받으면, 관념의 틀이 많지 않으면, 대부분 동작이 나온다. 그래서 몇 개월이 지난 다음부터 회로에 들어가는데, 회로는 개인의 특성에 따라서 정말 다르게 나온다. 경험이 많을수록 ○기 수련은 어마어마하게 다양하게 응용된다. 경험이 없는 사람에 비하면 경험이 많은 사람이

• **체(體)**_덩어리로 된 에너지가 형태를 갖춘 것

○기 수련으로 훨씬 빨리 좋아진다. 영혼의 길을 빨리 간다.

○기 수련의 특징은 직관이 발달하고 무의식이 정화되는 것이다. 무의식적으로 에너지적인 상황이 만들어지기 때문에 현실에서 어떤 일이 일어나고 변화하는 속도가 굉장히 빠르다. ○기 수련을 통해 이즈비 합일에 빠르게 가장 가까이 가지만 그만큼 위험할 수 있다. 빙의가 될 수도 있고 사이비 교주가 될 수도 있다. 이걸로 교주가 되면 엄청나게 사람들을 망가뜨릴 수 있다. 해서는 안 될 일을 하다가 갑자기 죽을 수도 있는데 공부방 운영자 대부분은 이런 위험성을 알고 있다.

공부방에도 좌가 있는데 그 좌에는 이런 위험한 걸 막아주는 역할과 세상이 바르게 가게 하는 역할이 있다. 그래서 그렇게 운영을 하려면 회로를 통해 내 주체성, 내 중심의 힘을 키워야 한다.

지금 회로를 빨간색 볼펜, 파란색 볼펜, 먹으로 주로 하는데 굳이 그렇게 하지 않아도 된다. 개인의 특성에 따라서 도구는 자유롭게 사용할 수 있다. 회로는 영혼의 특성에 맞게 도구가 결정된다. 회로가 어느 정도 되고 자기 주체성이 강화되면 당연히 좌명이 나오면서 모좌*와 부좌**가 연결이 되고 여기서 나아가서 고차원의 상위우주와 연결된다. 더 나아가면 우주통신이 돼서 우주의 안테나 역할을 할 수 있다. 그런데 거기까지 간 사람이 지금까지는 거의 없다고 보면 된다.

- **모좌(母座)**_○기 수련 용어. 어미 모를 쓴다. 모좌는 영혼의 길을 가기 위한, 영혼의 일을 위한 에너지를 공급해주는 곳이다. 즉 그 일을 하도록 도와주는 우주 에너지를 모아 공급해주는 공급원이다.
- **부좌(父座)**_○기 수련 용어. 아비 부를 쓴다. 모좌 위에 있는 또 다른 모좌를 부좌라고 한다.

모든 수련의 최종적인 목적은 이즈비 합일과 우주와의 연결인데, 공부방 운영자들이 다 자신의 한계를 정해버린다. 공부방 운영자의 특성에 따라서 회원들이 오는데 어떤 수련이든 회원들에 따라서 정말 많이 달라진다.

파장대가 높은 사람이 많을수록 공부는 훨씬 빨리 진행된다. 지금은 5차원으로 상승하는 중요한 시기라서 동반 상승이 굉장히 빠르다. 그래서 여러 사람이 함께하는 기대사가 도움이 많이 되는 것이다. 동반 상승의 의미도 있고 서로 부족한 걸 채워주고 좋지 않은 걸 빼주기 때문에 기대사로 치유가 굉장히 많이 일어난다.

그래서 공부방은 사람이 많이 오는 게 중요한 게 아니고 다양한 사람과 다양한 파장대의 사람이 오는 게 정말 중요하다. 그런 공부방일수록 의식이 빨리 상승하고, 의식 수준이 높은 사람들이 할 수 있는 이즈비의 협력 같은 것, 비즈니스의 상생 모델 같은 게 일어날 가능성이 커진다. 의식 수준이 낮으면 협력을 잘 못 한다. 그래서 서로 좋게 갈 수 있으려면 의식 수준이 같이 올라가면서 균형을 잡아주는 다양한 사람들이 공부방에 있어야 된다.

다른 사람에 의해서 관념의 벽이 깨지는 것도 아주 크기 때문에 다양한 사람들이 오면 서로가 이 틀을 깨뜨리는 역할도 한다. 다양한 사람이 가지고 있는 다양한 경험을 나누면서 틀이 깨지고 그러면서 서로 협력하고 상승한다.

기운영도 틀을 깨는 방법 중에 하나다. 처음 가는 지역이 많이 나오니까 그런 역할도 한다. ○기 수련의 1단계는 여기까지다.

2단계에서는 전생의 기억이 떠오른다. 내 몸도 회로로 되어 있고 우주 그리고 세상 모든 게 회로로 되어 있기 때문에, 전생이 기억나면서 전생의 능력을 쓸 수도 있고 그 전생의 내 몸이 기억하고 있는 트라우마를 스스로 치유할 수 있다. 같은 회로로 다 돌아가고 있기 때문에 가능한 일이다.

기회로 수련을 많이 하면 할수록 점점 더 무의식이 활성화되고 직관도 좋아지면서 이즈비의 능력을 쓸 수 있는 단계에 가까워진다. 회로를 통해 수정하고 새롭게 만들어낼 수도 있는 단계가 ○기 수련의 2단계이다.

의식 수준이 거기까지 가서 이즈비 합일이 되어 능력이 나오려면 시간도 오래 걸리고 잘 되지도 않으니까 일단 에너지 흐름부터 타라는 거다. 거의 기술적인 건데 기술만이라도 사용하라는 거다.

문_수화 님이 "회원들의 회로가 같이 있으면 서로 시너지 효과가 난다"라고 말했을 때 "와 이거 굉장히 멋진 수련이구나" 라고 생각을 했어요. 어느 수련법에서도 그런 얘기를 들어본 적이 없거든요. 기대사의 경우 다양한 파장대의 사람들이 왔을 때, 서로 보완해주고 상승하는 작용이 일어나는 원리는 무엇인가요?

답_○기 수련은 철저하게 양자역학의 원리를 직접 쓰는 에너지 수련이기 때문이다. 에너지 수련과 다른 수련은 다르다. 다른 수련은 체계가 있고 지도하는 스승에 의해서 갈 수밖에 없다. 제대로 수련하는 사람들은 같이 있으면 에너지가 교환된다. 그건 어떤 수련을 하든 상관없이 누구나 느낄 수 있다. 인체 자체가 기운의 복합체고 양자역학이니까 서로 반응하기 때문이다. 그런데 기대사 같은 경우는 또 수리를 쓰니까 그래서 그렇다. 수리를 쓰고 최적의 에너지가 나올 수 있도록 사람들을 배치한다. 수리와 구조를 이용하기 때문에 그런 효과가 나온다. 4, 8, 16, 24 이렇게 간다. 가장 기본이 네 명이다. 네 명이 안 되면 세 명. 그렇게 모이면 에너지장이 생긴다. 기대사는 주로 좌명이 나온 사람이 하는데 좌명 나온 사람 세 명만 모여도 위에 축이 하나 생긴다. 이건 좌명에 의한 것이다. 좌명은 ○기 수련에만 있다. 축이 하나 생기고 그 에너지를 쓸 수 있다. 목적이 생기면 이 에너지를 목적에 맞게 쓸 수 있다.

빛의 회로

8은 운영의 수다. 육각으로 힘을 모으고 그다음에 팔각으로 나온다. 치유의 그림 자체가 치유 회로다. 에너지를 돌리는 건 회로다. 컴퓨터 회로나 전기회로처럼 이 회로도 똑같다. 회로로 에너지 수정을 할 수 있다. 9는 좌이다. 10이 되면 창조적으로 운영하고 개척한다. 새로운 시장을 만든다. 빛이 들어오고 회로를 통해 치유에너지로 바뀌어서 개인에 맞게 나간다. 사람마다 치유할 수 있는 코드, 파장이 다르다. 그림 치유도 파장으로 치유하는 것이다.

 일을 진행하는 힘을 추동력이라고 하는데 사람들에게 빛을 움직일 수 있는 그런 힘이 많이 부족하다. 한국인들이 뭉쳐야 할 시기이다. 통일도 관심이 생기면 쉬워진다. 7은 약간 기술이 들어가는 속임수의 숫자다.

문_회로를 그리다 보면 숫자가 보일 때가 있는데, 저는 7하고 4가 잘 안 떠요. 3하고 2하고 8은 잘 뜨는데요.

답_본인의 성향이 속임수를 안 쓰기 때문에 7이 안 나오는 거다.

3이 안정이라면 4에서는 견고해진다. 3을 견고하게 만든다. 내가 여기서 힘을 발휘하겠다는 의미다. ∞는 4의 성향도 없는 거다. 2는 대립과 대칭, 뭔가를 시작하려 할 때 필요한 최소 숫자로 행동하기 위한 준비를 의미한다. 만남이라는 게 최소한 두 명은 있어야 하니까 그런 의미다. 1은 점, 호수에 돌멩이 하나 떨어진 거와 같은 모든 것의 시작을 말한다. 5는 절대적인 힘, 가장 구조화한 수다. 빛이 5다. 창조이기도 하다.

기운영

수행 중에 어느 단계가 넘어갈 때 해외 기운영이 나온다. 해외는 에너지가 확실히 달라서 일반인들도 외국에 나갔다 오면 변화가 생긴다. 변화해야 할 때 에너지 소모가 많으니까 비행기를 동력으로 쓴다. 바다에서도 소용돌이는 정화의 기능이다. 돌려야 정화가 된다.

몸의 변화가 시작되면 에너지가 회전하는데 이때 회전 속도에 견디기 위해서는 하체가 튼튼해야 한다. 발바닥 전체가 땅과 몸을 이어주고 내 몸을 지탱해주는데 이때 땅이 내 몸을 받쳐준다고 인식을 하면 덜 힘들게 느껴진다. 지구에서 사는 것도 힘들고 한국은 더 힘들기 때문에 땅에 의지하듯이 그렇게 걸어라. 그러면 덜 힘들다. 그렇지 않으면 몸이 변화할 때 너무 힘들다. 몸이 회전속도를 못 견디기 때문에 아프고 몸살이 나고 그런다.

회전력

회전력으로 버티는 힘을 증가시킬 수 있다. 이게 회로의 원리인데 이 원리를 몸에 적용한다. 즉 회전력으로 하체 힘 키우는 동작을 한다. 하체 힘이 가장 기본 바탕이기 때문에 하체 힘이 곧 회전이라고 보면 된다. 하체 힘이 있어야 사회적인 일을 잘 할 수 있다.

4장

여섯 영혼에 대한 이야기

01 | 마법계, 마법 교양강의

마법의 단계는, 이즈비의 등급과 레벨과는 전혀 상관없이, 오로지 능력만으로 구분되고 윗 단계로 올라간다. 2단, 3단으로 높게 올라갈수록 그만큼 능력이 많고 실력이 좋은 것이다. 지구에는 거의 2단까지만 있었다. 2단 이하의 마법사들만 있었는데 지금 지구가 하도 이 모양이니까 일단 9단까지 보냈다. 인간 중에 한 사람 있다.

마법사가 한 단계 올라가는데 걸리는 시간은 대략 일천 년으로 보면 된다. 엄청 힘들다. 일천 년이라고 보면 되는데 지구가 특수한 상황이라서 단도 없는데 1단이 주어진 사람이 있다. 일을 시키기 위해서 이 정도 능력은 되어야 하니까, 그런 특수한 경우가 가끔 있다.

마법서를 가지고 있는 것만으로도 그 마법을 에너지적으로 그냥 쓸 수 있으니까, 그런 방법으로 능력을 줄 수 있다. 그래서 마법서 쟁탈전이 그렇게 심했던 것이다. 사실 흑마법, 백마법은 따로 없고 법을 어떤 의도로 쓰고 결과가 어떤 방향으로 나타나느냐의 차이일 뿐이다. 빛 쪽으로 가느냐, 어둠 쪽으로 가느냐의 차이이고 구분은 원래 없다. 어차피 반대니까 뒤집으면 된다. 모든 마법을 그렇게 생각하면 된다.

흑마법쪽 영이나 체가 들어있는 사람들이 있다. 그래서 얘네들 말을 들었다가 집안이 폭삭 망하고 타락하는 경우가 많다. 얘네들 말은 들으면 안 된다. 얘들은 하나를 주면 에너지적으로 최소 다섯 배는 가져간다.

흑마법에 속지 않으려면 현실적인 힘이 강해야 한다. 현실적인 힘은 올바른 인식과 생각을 말한다. 무슨 말이냐면 자신을 다른 이상한 곳으로 가지 못하게 중심을 세워주는 게 바로 힘이라는 뜻이다. 돈 벌고 노력하는 일상적인 삶을 무시하면 안 된다. 노력은 하지 않고 환상에 잡혀서 남을 부러워하는 사람들이 주로 점집 같은데 상담 받으러 간다. 일확천금을 바라는 사람들이 그런 곳에 간다. 이상한 곳으로 끌려다니지 않는 게 현실적인 것이다. 인식이 현실에서 벗어나면 그런 데로 가기 쉽다. 주부 중에 점 보러 가는 게 취미인 사람이 진짜 많다. 물론 힘드니까 그런 건데, 안 갈수록 좋다.

우리도 (마법계 존재들) 이런 누추한 곳에 오게 될 줄은 몰랐다. 마법계에서는 최소한 문이 크게 하나 있어야 하고 안으로 한참 들어가야 뭐가 나오는 그런 식인데, 그래야 마법사의 집이고 그 정도는 되어야 하지 않나? 일단 여기는 너무 작다.

한국은 산이 많으니까 산골짜기가 마법사의 집으로 제격이다. 문이 하나 있고 암자처럼 들어가 찾듯이. 사실 마법 수련은 산속에서 하는 게 가장 좋다. 물도 있고 바람도 있고 4 원소가 다 있으니까. 산의 골짜기나 지형이 다양해서 그걸로 특히 공기 원소를 훈련하는 곳으로 아주 적합하다. 선인들이 도술, 무술 수련을 산에서 하는 것도 다 같은 이치다. 마법에는 자연 마법이 있는데 이걸 하려면 산이 가장 적합하다.

4 원소를 지배하는 게 마법에서는 첫 번째 단계다. 4 원소를 지배하면 자신의 모든 에너지를 조절할 수 있다. 그러면 공중부양 같은 건 그냥 쉽게 할 수 있다. 그래서 마법 수련에서는 제어력을 키우는 게 가장 먼저다. 그다음이 조합과 확률이다. 확률 안에 조합이 있으니까. 마법에서 가장 기초적인 수학은 확률이다. 그리고 마법 지팡이나, 마법 도구를 만들 때는 구조역학이나 역학이 들어간다.

역학에서도 에너지 변형이 일어나기 때문에 이걸 화학적으로 쓸 수 있는데 향으로 최면에 들게 하는 것이 여기서 나온다. 현재는 향을 치료로 많이 쓰고 있는데 다양한 용도로 사용할 수 있다. 지구에서는 필요가 없으니 여기까지만 얘기한다. 어차피 그건 다른 우주에서나 필요한 거니까.

지구가 물질계여서 어떻게 보면 되게 단순해서 쉬울 수가 있다. 사람들도 단순해서 상황을 만들어서 사람을 움직이게 하는 게 아주 쉽다. 분위기에 사람들이 확 가버리니까. 지구가 아직 희망이 있다는 가능성에는 아주 쉽게 사람들을 움직일 수 있다는 이유도 포함된다.사람들이 그렇게 움직이다 보면 벗어난다.

마인드컨트롤이나 세뇌나 최면으로부터 자기도 모르게 빠져나오게 할 수 있어서 그러한 것에 가능성이 들어갔다. 다들 줏대가 없고, 귀가 얇고, 문제점이 많은데 또 이런 게 장점으로 작용을 하니까 이렇게 됐다.

그래서 부모들이 자식 말을 안 들을 수가 없고, 지적능력이든 뭐든 지금 태어나는 아이들에 비해서 부모들이 워낙 떨어지기 때문에 빨리 성공할 확률이 아주 높다고 본다.

태양 에너지와 별 에너지와 달 에너지를 조합해서 만든 게 마법이다. 형태를 바꿔서 현실을 바꾼다. 현실을 바꾼다는 것은 치유가 된다는 것이다. 다스칼로스도 많은 사람을 고쳤다. 다스칼로스˙는 상위등급에 바로 근접한 존재다. 그런데 그 사람의 능력만 너무 부각 된 책이 나와서, 그 사람이 본질에 대해서 많은 얘기를 했는데, 거기에 대해서는 잘 알려져 있지 않다. 인성까지 갖춘 훌륭한 마법사이고 다스칼로스가 직접 쓴 책이 있다. 그 책을 통해 마법을 조금 알 수 있다. 다스칼로스는 자원해서 인간의 영혼을 도와주러 온 존재이다.

동양 마법과 서양 마법

동양 마법과 서양 마법이 있는데 서양 마법이 카발라고 동양 마법은 주로 4 원소와 생명력과 천체를 다루는 마법이다. 원래 동양인이 별을 훨씬 잘 다루었다. 희한하게 동양 마법은 남아 있는 게 없다. 중국의 기

• **다스칼로스** 스트로볼로스의 마법사로 알려졌으며 많은 사람을 치유하였고 제자들을 상대로 영성 수업을 진행했다. 한국에는 정신세계사에서 출간된 '지중해의 성자 다스칼로스1,2,3' 가 있다.

공, 무술은 조금 남아 있는 데 동양 마법은 거의 없다.

천체마법 같은 경우 동양이 진짜 잘 썼다. 물질 자체를 바꾸고 성질을 바꾸는 것. 카발라 같은 경우는 기후조정 같은 현실적인 것을 바꾸는 것인데, 대부분 사이비로 되고 잘못 쓰여서 도태됐다. 흑마법으로만 쓰이고 있다.

마법을 파고들어 알면 알수록 과학이란 걸 알게 된다. 시공간 자체가 과학이다. 과학을 파고들면 다 수학이다. 음악도 파고들면 수학이다. 이즈비가 창조하는 설계원리를 알려주고 싶지만 아무도 이해 못 할 거다. 생각으로 공간을 분리할 수 있다. 그게 무에서 창조가 일어나는 원리이다.

시크릿은 토러스라고 보면 된다. 내가 하고자 하는 것을 끌어당기는 거다. 생각만으로 일어난다.

02 │ 선인계*, 대행 스님

여자가 대사라는 이름을 받기는 힘들다. 특히 선인계에서는 더더욱 여자는 힘들다. 일단 몸이 좀 못 받쳐 주기 때문이다. 여자의 몸으로는 좀 다른 것 같다. 선사가 되고 바로 대사가 되었는데 한 생에서 한 번에 그러기가 쉽지 않다. 여러 생에 걸쳐서 수행해야 한다. 불교에 비유하면

• **선인계**_영혼의 여섯 종류인 인간계, 선인계, 마법계, 천사계, 지혜계, 자연계 중의 하나. 선인계의 대표적인 인물은 대행 스님이다.

선사는 소승불교로 대사는 대승불교로 보면 된다. 선인계에서는 사자를 붙인다.

마법계에서는 소승 쪽을 술로 대승 쪽을 법으로 보면 된다. 천사계는 주로 중단전을 열고 선인계 쪽은 상단전과 하단전을 가장 많이 연다. 그래서 보통 선인들은 세상 조정하는 일을 많이 한다. 사회적인 공익 분야에서 주로 활동을 하고 있다. 이런 일을 하려면 상단전과 하단전이 발달해야 한다.

보통 선인계에서는 네 명을 기본으로 본다. 네 명이 모여야 뭔가가 진행된다고 본다. 같은 분야에서 네 명이 다른 업무를 맡아서 일하는 걸 말한다. 분담하지 않으면 일이 제대로 돌아가지 않기 때문이다. 최소한 전문가 네 명이 모여야 된다. 보통사람이 모이면 아무 일도 안된다. 그래서 전문가로만 구성해서 움직인다. 천사나 다른 쪽에서 들어와서 섞이면 다섯 명이나 여섯 명이 모여야 일이 처리되는데 선인들로만 구성되면 네 명만 모여도 된다. 선인들은 다들 한 분야의 전문가이다. 고집이 있어서 이것저것 하지 않고 하나만 전문적으로 판다. 선인들은 한 분야를 전문적으로 파서 보조로 배우는 것도 그 분야와 연관된 것만 배운다. 그런 전문성이 있어서 다른 사람들이랑 일을 잘 안 하려고 한다.

선인들은 빈 공간을 잘 활용하기 때문에 얼핏 보기엔 느려 보이지만 그게 느린 게 아니라 정상적인 속도다. 한 박자, 공간과 여백을 남겨두는 게 본래의 습성이기 때문에 보통사람들이 보기에는 늦게 가는 것처럼 보일 수가 있다. 화선지에 사군자나 매화를 그릴 때처럼 그렇게 여백을 쓴다. 술법이나 세상 조정하는 일, 모든 것에 빈 공간을 쓴다.

회전도 일정한 속도는 아니다. 한 박자 느리거나 두 박자 느리거나 하면서 나아간다. 그래서 선인계 사람은 자신에게 무슨 변화가 일어나도 감을 잘 잡지 못하는 특성이 나타난다. 단계가 넘어갈 때 다른 사람과 달리 쉽게 직관으로 아는 게 어렵다. 그런데 자연스럽게 저절로 넘어가니까 확실하지 않다고 해서 걱정할 필요는 없다. 선인계에서는 대행 스님이 큰 자랑이다. 한국에서 깨달은 사람이 나오기 힘든데 나왔다.

문_대행 스님이 불교에 몸을 두셨어도 영혼의 종류는 선인계이신 거죠?
답_그렇다, 선인이시다. 대행 스님은 정말 해야 할 일을, 사명을 다하고 가셨다.

○○는 지금 상위우주에서 직접 가슴으로 에너지가 들어와서 가슴에서 에너지가 나가고 있다. ○○ 주변에 아픈 사람들이 특히 많은데 그들이 가슴에서 나오는 에너지를 받아서 치료에 조금 도움을 받는다. 많이 도움은 안 된다. 그 사람이 제대로 판단할 수 있을 정도로만 에너지적으로 잡아주는 역할을 해준다. 환자들은 귀가 얇아서 이것저것 다 하는데 그런 걸 분별할 수 있도록, 판단력이 흐려지지 않을 정도로만 도와준다. 사기꾼을 만나지 않게 하고 넘어가지 않게 그 정도만 정신을 잡아준다.

○○는 원래는 에너지적인 걸 볼 수 있어야 정상이다. 그렇게 보는 걸 영적인 프로그램에서 결이라고 하는데, 이 결을 일부러 막아 놨다. 지금 자기 삶도 제대로 지탱하지 못하는 사람이 에너지적인 걸 보게 되면 미쳐버리기 때문에 일부러 막아놓은 거다.

상위 에너지가 들어올 때 뒤통수부터 들어오는 사람이 일부 있다, 이렇게 들어오면 눈 쪽에 막힌 걸 뚫어주고 막혔던 게 해체가 되면서 뭔가 보인다. 에너지가 돌아가는 게 보이는 사람들이 앞으로 있을 것이다. 뒤통수로 매우 날카롭고 얇은 광선 같은 게 일부 사람들한테 들어올 건데, 이 광선을 보내는 곳이 바로 선인계이다. 이런 에너지가 보이는 사람들이 가끔 있을 거고, 이 사람들은 지구가 변한다는 걸 확실히 알 수 있다.

원래 상위 에너지는 정수리로 들어오는데 이것과는 좀 다르다. 이렇게 보이는 사람들은 특별한 이유가 있어서 그 역할을 하기 위함이다. 간혹 이런 사람을 만나면 그렇게 이해하면 된다. 만날 수도 있다. 왜냐면 원래 같은 계열의 사람이면 금방 친해지는 게 있다. 사람들이 그런 걸 얘기하게 될 거다. 이제는 예전보다는 사회가 조금 열렸다고 해야 하나 그래서 사람들이 이런 얘기를 자연스럽게 나누게 될 거다.

그리고 신경계에서 가장 중요한 부분이 귀와 연결되어 있는 부분이다. 귀는 또 균형 잡는 역할을 한다. 귀가 저울이라고 보면 된다. 도덕적인 면에서도 균형이 안 잡히면 귀에서 소리가 나거나 띵하거나 그렇다. 그런 것들조차 귀에서 담당한다.

원래 상위 에너지가 갑상선까지 내려와야 하는데 주로 양쪽 미간에서 한 번 막히고 갑상선에서 한 번 더 막힌다. 여기 뚫는 게 급선무다. 이 두 곳은 누구나 다 막혀 있다고 보면 된다. 갑상선까지 뚫리면 애매모호한 게 많이 없어지고 명확해진다. 영적으로도 목이 통로여서 아주 중요하다. 목이 망가지면 아무것도 못 한다.

　막힌 곳을 뚫는 방법은 결대로 깎는 방법이 있고 광선으로 뚫는 방법이 있는데 광선은 한 번에 뚫을 수는 있지만 그러면 너무 아프다. 막혀서 연결된 것들을 한 번에 다 끊어버리는 거니까 너무 아파서 미쳐버린다.

03 | 천사계, 천사 치유

천사 치유

우리의 관점과 인간의 관점이 너무 다르다. 지금 한국의 힐러들이 사용하는 방법이 천사 치유 방식과는 차이가 많다. 미국은 천사계 힐러가 워낙 많고 천사 치유가 대중적으로 자리 잡았는데 한국에는 아직 천사 치유가 없다. 한다고 하는 사람이 제대로 하는 게 아니다. 『천사 치유』라는 책에서 저자는 천사계이고 천사 에너지를 받아서 치유하는 분이다. 천사 치유라는 타로 카드 책도 그 사람이 만든 건데 한국의 경우는 천사에 대한 이해가 전혀 없는 상황이어서 어떻게 시작해야 할지 모르겠다. 지금 한국은 새로운 길을 아예 만들어야 하는 상황이다. 완전히 개척해야 하는 어려운 상황이다.

　일단 천사계의 기본개념은 공진이다. 어떤 구역에 있는 누군가를 치유하면서 동시에 그 구역을 치유한다는 약간 공간적인 개념인데 그 사람이 차지하고 쓰고 있는 공간을 치유해준다. 사람마다 인적네트워크가 있는데 이 네트워크를 활용한 치유가 일어나는 것이다. 한 사람이 치유되면 확장이 되어 다른 사람도 덩달아서 치유가 되고, 동시에 공간이 치유될 수 있게 연결이 이어지면서 또 확장이 일어나는 방법이다. 자기의 장점, 강점을 살려서 그걸 활용한 현실적인 일을 하면 그곳에서 치유가 일어난다. 그런 프로그램을 하나 개발하면 좋다. 일반적으로 한국에서 하는 식으로는 효과가 없다.

인간과 다르게 천사들은 경쟁하지 않는다. 한국의 사회풍토와는 많이 다르다. 차라리 천사들은 자기를 낮춰서 다른 사람을 보조하는 게 편하다. 그 정도다. 천사들은 한국 같은 치열한 경쟁 사회에 들어가면 치인다. 여기 에너지는 리더가 돼서 그룹을 이끌지 않는 이상은 치인다. 천사들은 경쟁에서 오는 스트레스에 취약하다. 솔직히 천사들은 이걸 방어할 필요를 못 느낀다.

자연령* 은 대체의학 쪽이고 천사들은 마음으로 치유한다. 인간의 오라에 에너지를 발산하면 그 사람한테 파장이 흡수되면서 치유가 일어난다.

인체의 에너지적인 구조도 천사들은 다르다. 인간은 하단전, 중단전, 상단전의 세 단전과 1번 차크라부터 7번 차크라까지 다 열어야 하는데 천사들은 가슴만 열면 된다. 다른 건 할 필요가 없다. 중단전을 여는 방법이 천사들은 다르다. 천사계 사람은 수련보다는 차라리 여행을 가는 게 좋다. 중단전만 열리면 힘이 세지기 때문에 다른 사람들과 그룹 속

● **자연령**_ 영혼의 여섯 종류의 하나인 자연계에서 특정한 역할을 하는 영을 말한다.

에 있어도 괜찮다. 경쟁만 하지 않을 뿐이다. 천사들은 하트만 열어주면 된다는 게 포인트다.

천사계는 8품까지 올라가면 그 위에 대천사라고 알려진 존재들이 있다. 대천사들은 천사들을 관리하고 교육한다. 1, 2품이 기초단계인 하급 천사이고 3, 4품이 중급인데 원래 지구에는 대부분 중급 이하만 보내고 상급은 안 보낸다. 왜냐면 중급이 실무 현장직이기 때문이다. 상급이 드물게 오기는 한다. 상급은 주로 위에서 우주의 질서에 관한 중요한 걸 논의하는 일을 한다. 대천사들이 1품부터 8품까지의 천사들을 전부 관리하고 있다.

『기적의 손 치유』라는 책이 있는데 그분이 천사계 영혼이다. 하급 단계에서는 천사들끼리만 어울린다. 다른 사람들하고는 못 어울리고 3, 4품부터 이제 인간이나 다른 존재들을 만나기 시작하면서 활동영역을 넓혀간다.

지구가 속한 우주에 있는 다른 행성들에서 지구에 영혼을 많이 보내는데 천사계는 지구가 속한 우주가 아닌 완전히 다른 세계에 있다. 대부분 지구에는 훈련을 목적으로 보내진다. 지구가 모든 종족과 모든 우주에 있는 영혼들이 오는 곳이라서 여기서 훈련을 받으면 다른 곳에서도 일 할 수 있기 때문이다.

영혼들이 자기 고향별에서 훈련하고 다른 곳에 파견 가서 일하려면 최소 일만 년이 걸리는데 지구에서는 이 기간이 $1/3$로 단축된다. 지구에서의 일이 힘들어도 보내는 가장 큰 이유는 시간이 단축되기 때문이다.

04 자연계*, 자비와 사랑의 촛불

자비와 사랑의 촛불

누구나 자비와 사랑의 촛불 하나는 가지고 있는데 사람마다 위치가 다르다. 가슴에 있는 사람이 있고, 손에 있는 사람이 있고, 하단전에 있는 사람도 있다. 이 촛불이 세상을 밝게 비춰주는 에너지적인 영적 도구로 사용되는 경우가 있다.

촛불의 색깔과 파장도 다 다르다. 초록색 촛불은 치유의 빛으로 주변 사람들에게 자동으로 방사되어서 치유를 일으킨다. 파란색 촛불은 힘을 강화해주는 빛이고, 자비와 사랑은 당연히 핑크색 촛불이다. 세상을 밝게 비춰주는 촛불은 흰색이고, 붉은색 촛불은 불의 기운으로 태워서 정화한다. 이렇게 사람마다 가지고 있는 촛불이 다르다. 파장대별로 색깔이 달라서 이렇게 이해하면 된다. 지금 주로 붉은색과 하얀색 촛불을 가진 사람이 많다.

자연계 영혼이 인간으로 태어날 때 영혼의 수준에 따라 크게 네 단계로 나눈다. 처음 시작하는 단계가 화관이다. 그다음에 목관. 세 번째가 숲관, 네 번째인 산관으로 단계별로 발전한다. 위로 올라갈수록 권한과 할 일이 많아진다. ○○는 지금은 화관 단계다. 이제 인생이 시작됐다고 보면 된다. 어디까지 발전할 수 있을지는 모른다. 자연령은 생명과 관련이 있어서 치유 쪽 일을 많이 한다. 아니면 자연을 항상 가까이하

• **자연계**_우주에 존재하는 여섯 영혼 중 하나

든지 둘 중 하나다. 대상은 사물이 될 수도 있고 사람이 될 수도 있는데 보살펴주는 본능이 항상 있다.

일단 화관으로 시작하는데, 사람들은 보통 하단전을 중심으로 열리는 순서가 조금씩 다른데, 자연계의 영혼은 머리부터 열린 다음에 위에서 아래로 열린다. 일단은 머리가 열려 있어야 가슴으로 내려와서 가슴도 열리고 그다음에 하단전이 열리는 것이다. 그다음에 다리로 내려가서 아랫배가 열려야 근원에너지를 쓸 수가 있다. 그래서 생각이 닫혀 있는 자연계 인간은 참 힘들다. 바뀌는 게 거의 불가능하다고 보면 된다. 일단 ○○는 머리는 열려 있으니까 다음 단계로 가슴하고 하단전이 열릴 거다.

자연령은 역할에 따라서도 네 단계로 나눈다. 정령, 교관, 관리자, 지역관리 이렇게 발전한다. 산신령이 자연령 중에서 가장 높은 단계인 지역관리이다. 정령은 식물을 잘 자라게 하고, 교관은 정령의 교육을 담당한다. 관리자는 지역마다 문이 있는데 그 문을 관리하는 문지기다. 인간을 영혼의 길로 안내하는 관리자와는 다르다. 네 번째 단계를 마친 다음에 인간으로 태어난다.

05 | 지혜계, 네 가지 성정

지혜계*의 영혼은 무심하고, 신중하고, 날카롭고, 냉정한 네 가지 성정이 있어서 이를 기준으로 다른 영혼과 구별할 수 있다.

육아는 지혜계 영혼이 담당하는 게 가장 좋다. 왜냐면 아이들이 자라는 동안에는 어떤 선입견도 없는 게 좋기 때문이다. 어떤 면에서는 방치라고도 볼 수 있는데 그렇다고 사랑이 없는 게 아니다. 아이들은 거리를 두고 멀리서 그냥 지켜보는 것이 최고의 육아이기 때문이다. 사랑의 마음은 양자역학의 원리이기 때문에 아이들이 거리와 상관없이 느낄 수 있다. 부모의 지나친 돌봄은 사랑이 아니고 욕심이기 때문에 아이들이 사랑을 느끼지 못하고 망가지는 것이다.

06 | 인간계, 만만디의 원조

영혼의 씨앗이 생명 나무에서 32단계를 거쳐 영혼으로 출현한다. 모든 영혼은 성장 과정에서는 1단계를 마쳐야만 2단계로 갈 수 있는데 인간계는 영혼으로 성장한 후에도 이런 특성을 가장 많이 가지고 있다. 그래서 한 번에 여러 가지 일을 하는 게 잘 안되고 느릴 수밖에 없다. 인간계 영혼이 만만디의 원조다.

하나 하면 그것만 하는 외골수적인 면이 있다. 그것이 시대의 뒤떨어진 방법일지라도 그들만의 방식을 고수한다. 고지식하고 고집이 있고 옛것을 고수한다. 그렇다고 너무 융통성이 없는 건 아니다. 성격이 곧이곧대로여서 속임수 같은 걸 쓸 줄 모른다. 한 계단 한 계단 올라가는 게 인간계의 가장 큰 특징이다. 그다음은 자기 개성대로 간다.

● **지혜계**_ 우주에 존재하는 여섯 영혼 중 하나. 대표적인 인물은 노자이다.

인간이 여섯 영혼 중 가장 먼저 출현했다. 석가모니 부처님은 지구의 누구와도 비교할 수 없을 정도로 오래된 영혼이다. 그래서 자기 스스로 몸을 다 파헤쳐서 지구의 그 모든 것들을 다 알아내고 지구 감옥에서 탈출에 성공했다. 거의 모든 정보가 몸 안에 있었기 때문에 지구의 모든 것을 알 수 있었다.

인간계의 사람들이 가장 먼저 출현했기 때문에 나이가 많은 영혼들이 많다. 그리고 좀처럼 이동하지 않는다. 자신이 있는 곳의 모든 곳을 다 가봐야 하고 다 알아야 하는 특징이 있다. 잘 이동하지 않고 한 장소에 오래 머물기 때문에 많이 알고 있다. 그래서 여러 행성에 있었으면 그 행성들 안에 주로 있는 공간을 만들어놓는다. 행성마다 자기 집이 있어서 보물창고가 많다.

인간계 영혼 다음에 선인계 영혼이 출현했다. 인간계 영혼은 뭔가를 지키기 위해서 창조한다. 대개 인간계 영혼은 창조를 위한 창조는 하지 않는다. 자기가 창조한 것을 가지고 실험은 많이 하는데 완전히 새로운 걸 시도하려는 성향은 없다. 그럴 필요성을 못 느끼고 익숙한 걸 더 좋아하는 성향이 강하다. 빨리 갈 수 있는 다리보다는 물에 빠질 수 있는 돌다리를 더 좋아한다. 그래서 고리타분하다는 소리를 많이 듣는다.

5장

지구에 있는 동안 삶을 즐기는 것이 가장 중요하다

01 │ 돈

현재 지구를 지배하는 건 돈이다. 지구가 물질이니까, 물질인 돈이 지구와 같이 돌아야 하는데 지구와 연결이 되어 있지 않고 지상에서만 돈이 돌고 있다. 강남이나 몇 군데만 돌고 다른 지역으로는 가지 않고 있다.

원래 모든 에너지는 물질이든 돈이든 지구 속, 대륙, 대기권, 바다, 땅까지 모두 돌아야 하는데 돈 같은 경우 지상에서만 돌아서 한 곳에만 계속 쌓이고 가진 사람만 더 갖게 되는 구조가 되었다. 부동산 투자만 엄청난 부를 축적하는 시스템이다. 그래서 노동으로는 돈을 벌 수가 없다.

돈의 에너지가 빌딩이 주가 아니라 땅이 주가 되어야 한다. 땅에서 흐르는 농작물, 생물, 자연이 주가 되고 여기서 순환이 돼서 인간으로 돌아가는 쌍방향으로 순환이 되어야 한다.

관계에서 돌고 도는 게 돈이기 때문에 돈은 흐름이다. 쌓아놓는 게 아니라 돈이 돌아야 영역이 넓어지고 영역이 넓어져야 내 위치도 넓어지면서 커지게 된다. 전체규모가 커지는 것이다. 규모가 커지면 사업도 더 크게 한다. 돈도 흐름이고 이 흐름이 곧 영역이다.

영역은 내가 영향을 미칠 수 있는 공간이다. 사람과의 관계와 공간을 잘 운영해야 세상이 좋아진다. 이렇게 돈을 잘 운영하는 사람이 세상의 흐름을 잘 보니까 그만큼 영향력이 커진다. 돈은 이렇게 흘러야 하는데 한곳에 쌓아놓으면 세상이 잘 돌아가지 않는다.

물질의 순환과 에너지 순환은 좀 다르긴 하다. 돈은 인간을 통해서 순환하기 때문에 더 느릴 수밖에 없고 나중에 돌아온다. 돈을 쌓아놓으면 세상도 안 좋아지고 나도 안 좋아지고 주변 사람들도 안 좋아진다.

돈이 흐르기 시작하면 재벌처럼 벌 수는 없다. 특성 자체가 쌓으려면 직진으로 갈 수밖에 없다. 지역에서 유통이 잘 되면 사람들이 풍요를 느껴도 돈이 쌓이지는 않는다. 돈을 벌려고 세계 경제를 움직이는 사람들이 일부러 일방통행을 하게 만든 것이다.

돈이 둥글게 흐르면 부의 쏠림 현상이 없어진다. 무엇이든지 일방통행으로 만든 이유가 돈을 쌓기 위해서다. 일방적이고 독선적인 사람들만 돈을 쌓을 수 있다. 올림픽은 돈을 돌게 해주는 게 아니다. 이것부터가 없어져야 한다. 올림픽은 돈을 버리는 거다. 일반인들에게 전혀 이로울 게 없다. 세금을 엄청 걷어서 돈을 그냥 버리는 거다.

남의 눈치를 보는 문화는 일제강점기 때 주체성을 없애기 위해서 일본이 만들었다. 일제강점기 때 만들어진 은행이나 언론사는 우리나라의 전통적인 정신으로 만든 것이 아니고 외국의 문화를 차용해서 만든 것이다.

차라리 자체적으로 미디어를 만들어서 운영하는 게 오히려 효과가 있다. SNS가 대세인 이유는 자기가 무엇을 잘하는지 알기 때문이다. 기존의 미디어가 맞지 않으니까 안 쓰는 거다. 내게 맞는 게 무엇인지 알면 홍보 수단이 바뀐다. 아무리 사소한 것이라도 자신이 잘할 수 있는 일을 가지고 사업을 해라. 방법의 문제가 있어도 영업을 못 하는 사람은 없다. 개인마다 잘하는 방법이 다 다른데 못한다고 생각해버린다.

영업도 관계에서 얻는 거다. 관찰과 근성이다. 모든 기업이 비슷한 방법으로 영업을 하니까 사람들이 죽어나는 거다. 접대, 로비 이런 건 아니다. 이렇게 해야만 큰 사업을 딸 수 있다고 하는 건 고정관념이다.

사람들은 비슷한 것에 끌리기 때문에 자기가 관심 있는 분야에 접근하면 된다. 물건을 파는 게 목적이 아니라 관계에 목적을 두라. 관계를 더 중시해라. 그래야 순환이 된다. 오래 걸려도 결국엔 둘 다 상생이 된다.

장기적으로 오래가고 성공적인 길을 생각해야 한다. 같이 성과를 낼 때 창조성이 일어나는데 이때 느끼는 성취감과 행복감은 이루 말할 수 없다. 아직 느껴본 사람이 별로 없다. 차원이 다르다. 친구들 만나고 하는 그런 차원이 아니다. 새로운 세상이 만들어진다. 좋은 세상으로 확 바뀐다. 사람들이 창업하면서 금방금방 돈이 들어올 거라고 생각을 하니까 얼마 못 버티고 망한다. 그래서 회사들이 보통 3년 버티는 게 힘들다.

시스템이 한국인을 급한 성격으로 만들었다. 시스템만 바꿔도 빨리 빨리 문화가 없어질 수 있다. 왜 모든 회사의 출근과 퇴근 시간이 같아야 하나. 같을 필요가 없다. 굳이 24시간을 운영하고 일주일 내내 일한다고 성과가 좋은 것도 아니다. 사람을 노예화할 뿐 기업의 성과와는 전혀 상관이 없다. 자유롭게 하면 돈도 순환이 잘 돼서 경제가 오히려 더 좋아진다. 사람을 똑같이 만들어버리니까 더 안 좋은 거다.

개인이 하는 가게는 문을 여닫는 시간을 자유롭게 해라. 그런 고정관념에서 벗어나라. 청년층에서 이런 일들이 일어나고 있어서, 아주 조금이지만, 돈의 순환이 전국적으로 조금씩은 되고 있다. 작은 변화가 커지면 시스템을 바꾼다. 이렇게 커져서 구조가 바뀌면 기존의 권력과 돈을 가진 사람들도 새로운 시스템을 따라갈 수밖에 없다.

자기의 특성을 잘 알아차려서 잘할 수 있는 것을 하라. 지금 나올 건 다 나왔다고 하지만 아직 안 나온 게 85% 이상이다.

예를 들어 화장품 시장을 보면 포화인 것 같지만 아직도 개발할 것이 많다. 기존의 것을 탈피해서 새로운 걸 만들면 된다. 온라인시장도 포화라고 하는데 전혀 그렇지 않다. 의류 시장도 특정 고객을 어떻게 설정하느냐가 중요하다. 소수를 고객으로 하면 무궁무진하다.

대중보편화에서 벗어나면 무한하다. 지금 조금씩 그렇게 가고 있다. 커피 시장도 포화 상태처럼 보이지만 전혀 그렇지 않다. 새로운 걸 하면 어느 분야에서든 성공한다. 사람들은 새로운 걸 원하는데 기존의 것을 그대로 답습하면 성공하겠는가. 개인에 맞는 맞춤형으로만 가도 성공한다. 지구에는 똑같은 사람이 없고 모든 종류의 영혼이 오기 때문이다.

상품에 대한 규제가 완화되면서 더 많은 시장이 열릴 것이다. 대중을 목표로 하지 말고 한 사람을 목표로 하는 관점으로 바뀌어야 한다. 한 사람씩 상대해야 한다. 대중적으로 가면 안 된다. 한 사람을 목표로 하면 구체적인 방법이 나온다. 그리고 같이 마케팅을 해야 한다. 내가 무엇인가를 하면 여러 산업에 적용이 되기 때문에 시장이 커진다. 산업과 연결지을 때 시장이 커지고 고객층이 다양하게 형성된다. 시장의 다각화로 고객층이 넓혀지게 되면 세상을 바꿀 수 있다.

먼저 자기 분석을 하고 물건을 스스로 만드는 것이다. 한 사람한테 팔 걸 만든다고 생각해야지 너무 크게 생각하면 안 된다. 지금 너무나 획일화되어 있어서 다양한 게 무한대로 나올 수 있다. 컬렉션은 볼 필요 없다. 이미 나온 건데 그걸 왜 보나. 이미 나온 건 시장이 끝났다는 얘기다.

가게 앞에 공간을 활용하라. 자기가 가지고 있는 공간을 최대한 활용하라. 태양이 높이 있을 때 나무의 그림자가 어디에 생기는 것까지 생각하라. 시도해라. 한 번도 안 가던 길을 가라. 별과 태양과 달이 도와준다고 생각하면서 가라. 태양, 별, 달이 시간이다. 다들 대형이 들어오면 소상공인이 망할 거라고 하는데 사실, 일어난 일도 아닌데 두려워해서 망하는 거지 실제로는 안 망한다. 오히려 대형이 개인한테 경쟁이 안 된다. 왜냐면 대형은 대중을 상대로 마케팅을 하기 때문이다. 앞으로는 개인이 잘되는 사회가 될 거다.

02 | 남의 말은 절대 듣지 마라

촛불 혁명을 통해서 하고 싶은 말을 한 게 큰 영향을 미쳤다. 계속 방치되면 언젠가는 터진다. 남의 눈치 안 보는 게 가장 자유롭게 사는 거다. 간섭하는 이유는 사람을 통제하고 그 사람 위에 있고 싶은 욕망 때문이다.

그런 말, 남의 말은 절대 듣지 마라. 남의 얘기 하는 걸 좋아하는 건 지배욕 때문이다. 그러니 신경 쓰지 마라. 하고 싶은 거 하면서 살아야 안 쌓인다. 그런 걸 보여주는 것만으로도 영향을 준다. 사소한 건데 굉장히 중요하다. 말을 하지 않고 좋은 게 좋은 거지하고 그냥 넘어가는 문화가 사회를 병들게 한다. 잘못된 게 있으면 얘기해라. 그래야 조금씩이라도 바뀐다. 사람들 정신 차리게 하는 게 불만을 말하는 거다.

아직도 기업의 사장들은 일반인 고객을 다 자기 밑으로 본다. 서민들을 바보로 본다. 권력을 가진 사람들이 서민을 바보로 생각하지 않게 할 수 있는 건 불만을 다 말하는 거다. 그냥 넘어가는 문화 때문에 한국 사회가 더는 발전하지 못하고 있다. 눈치 보지 않고 직장에서 할 말 다 했으면, 한 명이 아니라 여러 사람이 그랬으면, 사장이 직원들을 우습게 볼 수 있을까. 충분히 머리를 써서 직원을 무섭게 생각하게 만들어야 한다. 공론화를 하려면 대중들의 공감을 얻어야 하는데 파업하는 노조도 자기 이익만을 위해서 하는데 뭐가 되겠는가. 이런 문제들은 수행으로 힘을 키운 사람들의 역량으로 풀어나갈 수 있다.

마음이란 게 원래 내가 의도한 대로 다른 사람에게 전달되지 않는다. 상대방은 자기 맘대로 받아들이기 때문에 어떻게 받아들일지 신경 쓰지 마라. 그대로 받아들이는 사람이 드물다. 있는 그대로 받아들이는 사람이 15%밖에 없다. '무슨 이익을 위해서 나에게 잘해주겠지' 하고 생각하는 사람이 75%이다. 내가 내 마음을 쓰는 것에서 자유로워져라. 그렇지 않으면 행복해질 수 없다.

03 | 내 삶을 살면 세상은 좋아진다

　나눔과 봉사에 대한 개념이 잘못되어 있다. 누구나 해야만 하는 것처럼 인식이 되어 있다. 나눔과 봉사가 사명인 사람들이 있는데 이걸 안 하면 살 수가 없게 프로그램된 사람들이다. 왜냐면 전생에 지은 죄를 갚으라고 그런 것이다. 이런 사람 외에는 굳이 할 필요가 없다. 그러니 의무감이나 죄책감은 갖지 마라 그리고 남에게 강요하지도 마라. 오히려 누구한테 도움을 주는 것이 그 사람을 망치는 경우가 많다.

　지구가 영혼의 학교이기 때문에 그런 걸 알아야 한다. 가장 중요한 건, 다른 사람이 아니라, 내 삶을 사는 거다. 내 삶을 살면 세상은 좋아진다. 다른 게 봉사가 아니라 세상이 좋아지게 하는 게 봉사다. 왜 참견하고 간섭하나. 자기 인생도 잘 살지 못하면서 자기 코가 석 자다. 주제 파악 좀 해라.

서비스업에서 받는 친절 교육처럼, 원치 않는 친절은 100% 스트레스가 된다. 직장에서 하는 친절 때문에 직장 그만두면 병원 가게 된다. 고객을 대할 때 자신을 낮출 필요가 없다. 스스로가 낮아져 버리면 절대 위로 못 올라간다. 같은 인간으로 처음부터 동등하게 대하라. 스스로가 낮아지는 건, 엄청난 자존감 하락과 함께 영혼에게 상처가 된다. 영혼이 자학하는 거다. 충분히 똑같은 인격체로서 존중하면 된다. 개념이 완전히 다르다.

똑같은 인격체로서 존중하면서 친절한 건 사람의 격을 높인다. 내가 스스로 내 격을 높여야만 그나마 조금 나은 사람을 만날 수 있다. 자존감은 스스로가 자기의 격을 높이는 거다. 심리학에서 말하는 것도 개념만 바꾸면 되는 게 많다. 에너지도 약간의 쏠림이 있다. 한 사람으로 쏠리게 되면 병목현상으로 본래 자신으로 존재하기 힘들다. 대표적인 예가 성직자들이다. 이런 현상을 막으려면 그 사람을 대체할 만한 누군가가 몇 명 더 있으면 된다. 그러면 한 사람한테 쏠리던 에너지가 분산된다.

쏠림 현상 때문에 대통령제가 문제다. 대통령 한 사람이 잘못하면 다 잘못되니까. 대통령의 권력이 장관, 차관으로 분산되어야 정치가 제대로 돌아간다. 에너지가 대통령 한 사람으로 쏠리니까 이제 예전의 그 사람이 아니게 된다. 시선이 분산되어야 한다.

사회가 그런 걸 담당해줘야 한다. 어떤 대통령이라도 쏠림 현상을 받으면 실패하게 된다. 그래서 사람을 주변에 잘 두는 것이 중요하다. 평생 알고 지내는 사람들을 잘 두어라. 분산되어야 집중되지 않고 순환이 된다. 순환이 잘 되면 정부에서 하는 일이 잘 된다. 관계는 항상 변한다. 순간의 감동이 사람 마음을 좌지우지하기 때문에 사람 일은 모르는 거다. 깊이라는 것도 변하지만 깊이 있게 가라.

04 | 마음과 주체라는 두 개의 힘

마음과 주체라는 두 가지 힘이 있다. 두 개가 다 있어야 사업에 성공할 수 있다. 몸에도 힘이 있어야 한다. 하나만 있으면 부러지기 쉽지만 두 개가 있으면 버티고 흔들리지 않는다.

　팔꿈치와 발이 인간관계다. 팔로 맺어진 관계는 정서적인 것이고, 발로 맺어진 관계는 일이나 사업 쪽이다. 일부러 누군가를 만나기 위해 노력할 필요는 없다. 어떻게든 비슷한 사람끼리 만나게 되어있다. 나의 성향에 따라서 가는 장소가 달라진다. 내 성향이 뭔지 파악한 다음에 거기에 맞는 장소에 가라.

　주체는 주관적인 생각이고 마음은 감정과 관련이 있다. 무엇인가 하려 할 때는 마음이 움직여야 한다. 판단하는 힘이 주체성이다. 일단 마음에서 나오는 게 사람을 움직인다. 둘 중 하나만 약해져도 무너진다. 둘 다 반반씩 튼튼해야 한다. 때가 되었다고 생각이 들 때 결정하는 힘이 내 안에서 나와야 한다. 사업이 힘든 건데 너무 쉽게 아무 생각 없이 하니까 망할 수밖에 없다. 자영업자들이 자기 성향도 파악하지 못한 채 사업을 한다.

길은, 자기 스스로 충분히 만들 수 있다. 처음부터 없었으니까 길이 만들어지는 거다. 바람직한 기업이 거의 없다. 네팔의 라면왕*은 시스템적으로 접근한다. 다른 사람을 도와주기 위해 시스템적으로 접근하기 때문에 본받을 만하다. 개인을 도와준다는 생각을 버리고 시스템으로 가야 한다. 시스템을 만드는 게 기업이다. 기업은 충분히 사회시스템을 만들 수 있다. 개인적인 접근이 필요한 건 거의 없고 시스템이나 구조적으로 접근해야 할 것들이 훨씬 많다. 현재 지구의 상황이 그렇다. 현재의 시스템을 바꾸는 것은 새로운 시스템이다. 기업이 바꿀 수 있다. 우리나라 기업이 다 일로만 가니까 잘못된 거다. 한국인들이 숲을 봐야 하는데 나무만 본다. 모든 게 다 그렇다.

05 | 양자역학과 유익한 생각

현재는 과학자들이 양자역학의 기초만 알고 있는 상태다. 모든 사물에는 입자가 있고 공간이 있다. 공간이 차지하는 비율이 거의 98%이고 나머지는 입자가 결정한다고 보면 되는데, 이 공간을 이용하는 게 바로 이즈비다. 공간을 이용할 줄 알아야 한다. 이즈비의 의도가 공간을 변형한다. 이게 가장 크고 그다음이 생각이다.

생각은, 공간을 변형시킨다기보다는, 가둠으로 구조를 짜서 보이는

• **네팔의 라면왕**_네팔의 유일한 억만장자인 기업가 초드리 회장의 애칭이다. 네팔인의 입맛에 맞는 라면을 팔아 대성공을 거두었다. 네팔 지진 후, 그는 피해자들에게 라면과 임시가옥을 공급하는 등 네팔 복원에 직접 나섰다.

게 달라지게 할 수 있다. 생각도 에너지고 의도도 에너지다. 그래서 생각이 물질이라고 하는 것이다. 공간이 결정되면 장이 생긴다. 생각으로 장이 어떻게 보이는지 형태를 결정한다. 그래서 여러 사람이 모이면 충분히 물질이 바뀔 수 있다.

사람들이 모여서 물질을 만드는데 지금은 파괴적인 목적으로만 만들고 있다. 뭔가 무너지고 깨지고 이런 것으로만 쓰고 있다. 충분히 인간에게 유익하게 할 수 있는데 그렇게 쓰지 못하고 있다. 예를 들어 보호나 안전 쪽으로 의도를 가지고 공간 전체를 돌려버리면 물질이 이동한다. 전체를 회전시켜서 그 영향으로 물질이 밀려나게 되는 원리는, 보통 자연재해가 일어났을 때 쓸 수 있는데, 물이나 불을 이렇게 이동시켜서 사람에서 멀어지게 하는 방법이다. 그러면 피해를 줄일 수 있다. 계속 파괴적으로 쓰면 더욱더 피해가 심해질 수밖에 없다.

현재 인간의 마음 상태는 70%가 파괴적이고 부정적이다. 이런 마음 상태는 습관화된 건데 이 습관화도 교육으로 주입된 게 대부분이다. 자라난 환경에 의해서 특히, 유교 같은 사상으로 주입된 게 70%다. 먼저 이런 환경부터 없애는 게 필요하다. 지금 이렇게 주입된 사고가 공간을 차지하고 있다. 일단은 모든 방법을 총동원해서 이런 사념체를 깨끗하게 만드는 게 중요하다. 그러면 유익한 쪽으로 충분히 쓸 수 있다. 예술가하고 무술인들이 공간을 잘 쓰고 잘 활용한다.

06 | 개인과 사회변화를 위한 여러 가지 이야기들

행위가 아니라 문화로

행위가 중심이 아니라 문화가 중심이 되어야 한다. 자유롭게 공유하고 나누고 봉사하는 문화가 정착되어야 한다. 공동체가 생협이나 비영리 단체로 퍼지긴 했는데 희한하게 이쪽으로만 쏠리니까 여기에서 발생하는 부작용이 있다. 그렇게 되면 안 되는데 특정 그룹으로만 뭉친다. 내가 어디에 속해있다는 소속감이 강하면 이것도 역시 집단으로 가버려서 개인의 자유를 제한한다. 단체나 모임에 들어가고 나가는 걸 사람들이 굉장히 부담스러워한다. 모든 모임은 가입과 탈퇴의 부담 없이 언제든지 쉽게 드나드는 자유가 있어야 한다.

모임이나 집단에서 사람들이 추구하는 비전이나 이상은 있겠지만 개인의 생각이 집단의 뜻과 달라도 배척받지 않는 문화가 형성되어야 한다. 한국은 이런 문화를 형성하는데 시간이 걸릴 텐데 촛불 혁명으로 시도는 되었다. 거기서 약간의 가능성을 보았다. 이런 문화는 확실히 젊은 층에서 충분히 가능하다. 젊은 층이 자발적으로 창업하는 것도 어느 정도 이런 것과 연결된다. 독립하면서 정보를 공유하고 같이 창업을 해서 그런 문화를 형성해가는 것이다. 가장 힘든 젊은 층이 가장 필요하고 중요한 일을 지금 하고 있다.

문화는 잠재의식을 끌어올려서 현실로 나타나게 한다. 인식과 인지는 상관없다. 우리가 누구인지 잊지 말아라. 우주는 더한 문제들이 있고 해결하려면 이즈비의 기억으로 해결해야 한다.

권력 구조가 언젠가는 확 뒤집어질 거다. 정신적으로 높은 사람을 물질적인 사람이 못 따라가게 된다. 못 넘을 수밖에 없다. 궤도가 바뀐다. 역전 현상이 일어난다. 지구 역전 현상이 다른 게 아니라 기존의 권력층이, 부자들이 바뀌면 역전이 된다.

성격과 집단 무의식. 곡선과 직선

현재는 사회구조와 환경이 직선이다. 곡선이 거의 없어서 힘든 것이다. 분풀이하려고 하는 말도 한국인들은 세게 한다. 화의 대부분은 집단 무의식이 50%를 지배하고 있다. 그래서 집단 무의식에서 깨어나면 정상인 사람이 많다. 자기도 모르게 집단 무의식을 가지고 내 것인 것처럼 착각한다. 예를 들면 성공하고 싶은 마음도 나의 진짜 마음이 아니라 집단 무의식이다. 피해망상, 죄의식 등의 거의 모든 성격이 집단 무의식으로 좌우된다. 이런 것은 치유작업을 통해서 충분히 없앨 수 있다.

공간에너지는 뭐든지 돌아야 막히지 않는다. 물질과 똑같은 원리이다. 아파트와 사각형 빌딩들, 사각형은 에너지가 돌지 않고 직진을 하니까 막히는 것이다. 가구도 사각보다는 둥근 게 낫다. 곡선이 없으니까 순환이 안 되고 죄다 막아버린다.

에너지가 고차원으로 상승하면 강도가 낮아진다. 한 번 낮아진 강도는 누구나 받아들이기 쉽다. 에너지가 너무 세고 직선이니까 사람들이 다치는 거다. 길을 가다가 넘어지기도 하고 직진이어서 사고가 난다. 한 번 상쇄가 되면 누구나 잘 받아들일 수 있게 된다.

인체 에너지장도 둥글지 않고 직각인 사람이 있다. 머리 위의 에너지 통로도 직진으로만 흐르는 사람이 있다. 대표적인 예가 『네 안의 잠든 거인을 깨워라』의 저자인 앤서니 라빈슨이다. 그 사람의 에너지가 일방통행이고 워낙 강력해서 강의에 참여했던 사람의 에너지를 뚫고 나간다. 그래서 잘된 사람들이 많이 나오지만 그런 에너지는 오래가지 않는다. 원래 패턴대로 돌아온다. 돌아오는 데 걸리는 시간이 10년이 될 수도 있다. 사실 그 사람은 최면가이다. 완전히 뻥 뚫려서 정신 차린 사람도 있을 수 있다. 그런 사람이 제자가 된다.

NLP*는 일시적으로 효과가 있어서 표면적으로는 좋아 보이지만, 근본을 바꾸지 못하기 때문에 사람을 바꾸지는 못한다. 이렇게 해야 한다, 하지 말아야 한다는 강박관념을 심어주어서 NLP가 사람을 많이 망쳤다. 프로그램이 좋은 게 나왔으면 응용해서 써야 하는데 그것만 교육하니까, 강요로 직선적으로 가니까, 부정적으로 영향을 미친다. 나쁜 프로그램은 없는데 지도하거나 배운 사람들이 응용을 못 해서 사람들을 망쳐버린다.

긍정적인 단어를 계속 쓰는 것보다는 유연하게 말하는 게 훨씬 낫다. 긍정적인 단어도 직선적인 것들이 많다. 굳이 애를 쓰는 것보다 유연하게 써서 적응해라. 이게 훨씬 창조적이고 사람이 잘 대처할 수 있다. 아무리 좋은 말이라도 직선적인 것은 무언가를 깨뜨린다. 유연한 사고는 시에서 길러진다. 답답하더라도 시인들이 바로 수련하면 되는데 안 한다.

- **NLP(Neuro Linguistic Programming)**_생각과 말, 행동을 활용하여 원하는 것을 실현하는 방법

신뢰와 설득

사람은 신뢰를 얻어야 설득을 할 수 있다. 이게 마케팅의 기본인데 기본적인 것조차 무시해버리고 모두 속이고 사기 치고 제대로 하는 마케팅이 없다. 신뢰에서 얻은 설득은 죽을 때까지 간다. 그래서 이렇게 인간관계를 쌓아놓으면 산업 하나를 만들 수 있다.

플랫폼 사업도 주변 인간관계로 충분하다. 지금까지 살아오면서 맺은 인간관계로 공부를 해라. 공부가 계속되면 다른데 적용할 수 있게 되고 여러 가지로 확장되어 뻗어 나간다. 확장되는 것을 국가로 한정 짓지 마라. 언어가 안 통해도 신뢰와 진심은 마음으로 하는 일이기 때문에 문제 될 게 없다.

우리나라에 외국인들이 많이 살고 있는데 그걸 왜 활용을 안 할까. 마음 하나면 거주 외국인에게서 그 나라의 문화소스를 충분히 얻을 수 있다. 새로운 아이디어와 영감을 얻을 수 있는데 왜 따돌려서 한국을 떠나게 만드나. 스스로 들어온 건데 왜 이 자원을 활용을 안 하는가. 새로운 걸 손쉽게 접할 수 있는 자원인데, 외국에 굳이 나가지 않아도 그 사람들의 얘기를 통해 정보는 충분히 얻을 수 있는데 말이다.

아무리 구멍가게 일지라도, 사람을 상대하는 사업이니까, 이 사람은 CEO이고 경영자. 사업이 장사가 되면 안 된다. 자본주의가 장사로만 가서 이 모양이다. 사람으로 가게 되면 부익부, 빈익빈 현상은 없어진다.

단순하게 영업을 하는 게 아니라 인간성을 보고 관계를 맺고 일할 때

영업이든 무슨 일이든 잘 굴러간다. 모든 관계는 영혼과 영혼의 합의로 성립한다. 인간관계를 맺기 전에 영혼들이 만나서 이런 일을 하겠다고 결정한다. 앞으로 만날 사람들은 다 영혼 간의 합의가 된 사람들이다. 우주의 기본적인 원칙이 give & take이다. 내가 준 대로 받는 건데 전생의 일까지 다 포함된다. 그냥 주는 게 아니라 사람을 보고 그 사람의 그릇 만큼만 주라. 완전히 그냥 다 주는 게 아니라 얻는 게 있으면 주라. 공짜로 주는 건 인간을 망친다. 절대로 돈을 주지 말고 빌려주지도 말아라. 빌려주는 것도 그냥 주는 것이다.

관계를 맺고 끊을 때 사람을 볼 줄 알면 대응해갈 수 있다. 사람의 속을 봐라, 겉모습인 말과 행동을 보지 말고 그 속을 보라. 인간은 탐구해야만 알 수 있다. 거짓말을 하는 사람을 보면 눈동자가 가만히 있질 않는다. 그런 것처럼 관계를 맺을 때는 주의 깊게, 신중하게 관계를 맺어라. 물론 주변에서 도와주긴 하겠지만 스스로 그 기준은 있어야 한다. 판단력, 분별력은 스스로 만드는 것이다. 자기 스스로 공부해서 정해놓아야 한다.

관계로 볼 때 기본적으로 세 사람이 모여야 뭔가가 일어난다. 성취, 성과가 있으려면 세 사람이 모여야 하고 더 발전시키려면 조직력이 있어야 한다. 이건 내가 어떻게 구성할지 머리를 잘 써야 한다. 내 인생을 연출하는 것과 구성하는 것은 거의 비슷하다. 정말 많은 수학 공식이 들어간다. 여기엔 인간의 마음이 작용한다. 내가 마음을 쓰면 상대방에게 에너지가 그대로 간다. 따뜻한 마음은 긍정적으로 가고 차가운 마음은 차갑게 돌아온다. 차가운 마음은 부정적인 현실로 거의 다 돌아오는데, 직접 돌아오는 경우는 거의 없고, 돌아서오니까 사람들이 잘 모른다. 마음공부가 그래서 잘 안 되는데, 어떤 이유로 내게 나쁜 마음을 품은 사람이 내게 직접 피해를 주는 게 아니라 어디 가서 다치거나 하는 사소한 걸로 돌아오니까 사람들이 이 원리를 잘 모르고 마음을 막 써버린다.

사소한 것 하나하나에도 모든 마음이 들어있다. 그걸 알 수 있는 게 맛집이다. 맛집 사장님을 보면 정성으로 하니까 돌아온다. 이렇게 마음을 써서 유익하게 돌아오는 건 많은 시간이 걸린다. 그러나 마음을 안 좋게 써서 손해로 돌아오는 데는 많은 시간이 걸리지 않는다. 현재 나와 있는 심리학이나 마음공부에는 이런 내용이 없다. 먼저 자기탐구를 해라. 나를 알아야만 다른 사람이 보이고 그 사람에게 필요한 게 보인다. 그걸 채워 쓰면 된다.

내가 만든 나의 상, 남들이 나를 보는 상, 남들이 만들어서 나에게 투영하는 상, 이런 모든 상을 페르소나라고 한다. 사람들 대부분이 페르소나를 진짜로 안다. 페르소나는 내가 만들거나 남이 만든 가짜다. 여기에 속지 말아야 한다. 페르소나는 누구나 다 있다. 겉으로 보여주는 것에 속아서 이용당하고 사기당하는데 페르소나를 벗기면 안에 있는 진짜가 나온다. 그런데 사람들이 진짜에는 관심이 없고 페르소나에 집중하니까 세상이 이런 모습을 하고 있다.

페르소나를 벗겨내는 과정이 수행이다. 스스로 자신의 페르소나를 벗으면 다른 사람의 모습이 보인다. 다른 사람이 어떤 사람인지 알게 된다. 이게 인간관계의 핵심이다. 나를 알면서 동시에 남도 알게 된다. 그래야만 관계가 제대로 성립된다. 그렇지 않으면 여기에 놀아난다. 진정한 관계가 되려면 본질을 알아야 한다. 상이 상을 보는 게 아니라, 그 사람의 본질을 볼 줄 알아야 한다.

상호 공조

세상에 드러나지 않은 훌륭한 사람들이 30대에도 많이 있다. 그들이 지금 우리가 알고 있는 것보다 훨씬 발전된 기술을 많이 가지고 있는데 법적으로 상용화할 수 없는 구조여서 개발을 해놓고도 못 쓰고 있다. 그래서 좌절을 많이 한다. 아이디어도 정말 많은데 법적으로 다 막혀 있다. 구조적인 문제인 것이다. 대기업이 그런 구조를 만들었다. 자기들이 아니면 일반인들은 할 수 없게 법을 그렇게 만들었다. 그래서 다들 바닥에 붙어서 엄청 가난하게 살고 있는데 우리나라가 특히 심하다.

외국은 유통이 투명하게 잘 되어 있는데 우리나라는 그렇지 않기 때문에 서로 의심하고 제대로 안 돌아간다. 그래서 사람들이 좋은 걸 알리지도 못하고 당연히 혜택도 못 받고 있는 상황이다. 불치병이나 암 같은 건 거의 완치될 수 있는 기술이 이미 나와 있다. 몰라서 못 쓰는 것뿐이다.

순환을 통해서 일반인들이 열려서 새로운 걸 계속 받아들일 수 있게 하는 게 아주 중요하다. 그래서 아는 사람들이 더 많은 공부를 해서 전파할 수 있어야 한다. 서민들이 살아남는 방법은 공유하고 나누는 길밖에 없다. 그래야 대기업이 쳐도 쓰러지지 않는다. 왜냐면 여러 사람이 공유하는 건 사람이 많을수록 계속 겹쳐지면서 단단해지기 때문이다. 이게 상호 공조하는 구조이다. 그러면 옆에서 쳐도 사업이 망하지 않는다. 회사가 5년을 못 가고 망하는 이유는 혼자여서 하나여서 그렇다. 여러 명이 같이하는 구조면 안 망한다. 안 쓰러진다.

이것이 대기업이나 권력가들로부터 개인이나, 자영업자, 중소기업이 살아남는 방법이다. 공유와 나눔이 이루어지려면 먼저 얘기를 꺼내야 한다. 사람들은 얘기를 안 하면 절대 알 수 없다. 내가 다른 곳에서 들은 정보를 전달하는 것도 의미가 있다. 여기서 파생되는 것이 있기 때문에 충분히 최대한 나누어야 뭔가를 창출할 수 있다. 일반인이 뭔가가 창출하지 않으면 이 사회는 바뀌지 않는다.

소명은 자기가 가장 잘 하는 것, 영혼이 계속 해왔던 게 소명이다. 사명은 사회적인 건데, 소명보다 훨씬 어렵고 힘든 일이기 때문에, 일단 소명을 마친 뒤에 사명을 할 수 있다. 그래서 소명을 다하는 동안 연습 과정이 들어온다. 힘들고 고통스러운 일을 몇 번 겪게 된다.

AI의 활용

사이코패스들이 왜 생겨나는지 연구를 굉장히 많이 했고 공식은 약간 발견했는데 해결책은 아직도 못 찾았다. 공식을 알면 정상인이 되도록 어떻게든 해 볼 텐데 아직도 실패하고 있다. 고차원 존재들이 실패하는데 어떻게 정신병원에서 사이코패스들을 개조하겠나. '전자팔찌 착용으로 범죄를 예방하겠다'고 어쩌면 그렇게 단순하게 생각하나.

그런 사이코패스들은 죽을 때까지 가둬야 한다. 충분히 건물 안에 완전히 갇혀서 아예 못 나오게 만들 수 있다. 사이코패스들은 사람이 상대하면 안 된다. AI 로봇들이 전자동으로 그렇게 관리를 해야 한다. 교도소를 그런 시스템으로 충분히 만들 수 있으면서도 안 만들고 있다. 돈을 써야 할 곳에 안 쓰고 엉뚱한 곳에만 쓰고 있다.

사이코패스들한테 휴식시간은 왜 주고 돈도 벌게 해주고 말이 되는 소릴하냐. 사이코패스들이 돈 벌면 무슨 짓을 할지 뻔한데 왜 돈을 벌게 하느냐. 재활이 되는 인간들이 아닌데 씨앗부터가 그런데 뭘 재활한다고 난리냐. 불가능하다.

충분히 교도소에서 자급자족할 수 있다. 태양광 설치하고 거기서 나는 식물은 범죄자들의 대변으로 퇴비로 써서 게네들 먹을 건 게네들이 키우게 하라. 그러면 돈이 전혀 안 드는데 왜 돈을 쏟아붓냐.

식물공장은 교도소에 있어야 한다. 그러면 돈이 안 든다. 뭐하러 돈 써가면서 게네들 고기를 먹이냐. 채식만 하게 하지. 거기서 자체적으로 먹을 수 있게 해라. 사형제도를 왜 폐지를 하냐. 사이코들은 사형시켜야 한다.

국회의원에 출마하는 사람들이 왜 일반인들에게 밥을 사주냐. 일반인들은 밥만 먹고 말지 찍을 확률이 굉장히 낮다. 진상 고객들은 기계가 상대해야 한다. 로봇을 만드는 그런 곳에 돈을 안 쓰고 왜 엉뚱한데 쓰느냐. 빅데이터 정보, 자료들이 다 있는데 충분히 할 수 있다. 사람이 해야 할 일에는 왜 기계를 쓰고 기계를 써야 할 일에는 사람이 있냐. 그러니까 직업 스트레스가 엄청나다. 돌머리들을 앉혀놔서 시험이 죄다 기억력테스트다. 암기력 좋은 것과 머리 좋은 것이 뭔 상관이냐. 응용과 유연성, 순발력, 통합능력이 중요한데 사람 뽑을 때 이런 걸 봐야지 왜 기억력테스트를 하느냐.

차를 로봇이 운전하면 어떻게 되겠느냐. 전산이 오류 나서 사고 나면 다 박살 나는데 그걸 왜 로봇이 운전하게 하느냐. 로봇이 내릴 수 있는 판단력은 프로그램 내에서뿐이다. 인간 세상이 얼마나 변화무쌍하고 예측불허인데 로봇은 그런 대처능력이 없다.

의사를 어떻게 로봇으로 대처를 하느냐. 사람이 아프고 약해지는 이유는 사랑이 부족해서가 많은데 할머니, 할아버지들이 병원에 자주 가는 이유는 아파서 가는 것보다는 사람이 그리워서 가는 게 많다. 그래서 가는 건데 로봇이 진찰하고 있으면 안 가지. 돈을 로봇에다 줄 사람이 누가 있겠냐. 힘들게 번 돈이고 겨우겨우 먹고 살 수 있는 돈인데 로봇에다 줄 사람은 없다.

6장

한국에 대한 놀라운 이야기

01 | 인류의 기원 한국인

인류의 시작은 한국인*이라고 보면 된다. 장소는 한반도다. 시기는 아주 까마득한 옛날이라서 연도를 어떻게 말해야 할지 모르겠다. 그냥 무량대수로 보면 되겠다. 본관은 처음에 한반도에 와서 자리 잡은 지역의 이름이다. 일단은 따뜻하고 기후가 좋아서 진주, 경주, 전주 지역을 중심으로 남쪽부터 자리를 잡았다. 그러다가 한반도에 새로 들어오는 외계 종족과의 다툼을 피해 계속 위로 올라가면서 흩어졌고 인구도 많아졌다. 외계종족이 칼로 사람을 죽이고 너무 잔인해서 전 세계로 흩어질 수밖에 없었다. 한글**이 만들어지면서 붙여진 지역의 이름이 다 그때 이름이다.

- **한국인**_한반도에 정착한 최초의 인류를 한국인이라 부른다. 그들의 영혼은 선인계의 한족(韓族)이다. 그 당시 한국인의 육체는 키가 지금보다 훨씬 컸고, 지금과는 많이 달랐다고 한다. 그러나 기후나 풍토의 영향으로 지금도 70% 정도 그 특성이 유전되고 있다고 한다(편집자 주).

한국어는 지금 형태대로 기원전부터 있었고 한글이 만들어지면서 문자화되었다. 최초의 한국인들이 쓰던 말에는 영적인 의미들이 아주 많았는데 지금은 다 없어졌다. '너나들이' '가온누리'처럼 네 글자로 된 말들이 더 많았고 굉장히 유연한 언어였다. '누리다'는 말의 경우 '누구나 나눈다'는 공통된 뜻으로 쓰이면서 또 다른 말로 응용해서 바꿔 쓸 수가 있었는데 말하는 사람이 그 자리에서 바로 다른 뜻으로 만들어낼 수 있었다. 한국어가 원래는 유연한데 외계종족과 외래어가 들어오면서 단절이 되었다.

문_한반도 남쪽에, 기후가 좋은 곳에 최초의 인류인 한국인이 정착해서 살았는데, 잔인한 외계종족이 침입하자 충돌을 피해서 북상했다고 하셨습니다. 그 당시 외계종족이 쓴 무기는 어떤 것이었나요?

답_지금의 물질계와 그 당시 지구환경이 완전히 다르다. 원자의 배치에 따라서 물질이 만들어지는데 배열법 자체가 달라서 현대에는 생각하기 어렵다. 어떻게 보면 최첨단 무기라고 할 수도 있겠는데 아무튼 무기의 질료들이 달랐다. 이 배열로 즉석에서 무기를 만들었다. 예수님이 생각만으로 빵을 만들었듯이 그와 똑같은 방식으로 무기를 만들었다. 무협지나 무술영화에 나오는 싸움처럼 구멍을 만들어서 사람을 빼내기도 하고 SF 판타지에 나오는 방식 같은 것도 있다. 비슷하지도 않은데 이해시키기 위해서 든 예이다. 외계종족하고 부딪쳐봤자 큰 피해만 입었기 때문에 피하는 게 최선이었다.

•• **한글**_정인지가 남긴 자방고전(字倣古篆), "한글의 자모는 아주 옛날 우리의 고유문자를 본뜬 것이다"라는 네 글자의 단서만 현재까지 남아 있다.

〈그림 2〉 빛 위에 있는 천(왼쪽)과 빛 천(오른쪽)

02 | 태극기, 지구 운영의 원리

태극기의 효 하나가 천(법, 질서)을 말한다. 천의 종류에는 하늘 천(天)이 있고, 빛 천이 있고, 빛 위에 있는 천들 있는데 〈그림 2〉 효는 빛 위에 있는 천에 해당한다. 효는 빛 천 보다 에너지가 더 세다. 태극의 빨간색은 불 원소를 상징하고 파란색은 물 원소를 상징한다. 그리고 하얀색(여백)은 공기 원소를 상징한다. 지구를 포함한 세상이 이렇게 이뤄져 있어서 태극기는 세상을 운영한다는 의미를 담고 있다. 원래는 삼태극이었는데 우리가 태초에 의도한 것에서 많이 변형되었다. 그래도 지금의 형태로라도 살아남았기 때문에 그 힘으로 그나마 한국이 무너지지 않고 지탱이 되고 있다.

문_태극 모양의 회전하는 방향이 바뀌었다는 말이 있는데 괜찮은 거예요?
답_빨간색, 파란색, 하얀색 여백과 효가 남아서 괜찮다.

문_그런데 시계방향으로 돌아야 하는데 반시계방향으로 돌아가게 표시가 되었다는 말이 있어요. 거기에는 일본의 어떤 음모가 숨어 있다고 하던데요?

답_원래는 삼태극이 맞는데 변형되었다. 그러나 다행히 남아 있는 모양이 균형이 맞아서 일본이 원하는 대로 되지는 않았다. 위와 아래가 맞고 효가 어긋나지는 않아서 그나마 일본이 한국을 조롱하는 게 쉽지는 않았다. 한국이 일제 36년 강점기를 거쳤지만 그래도 이렇게 유지하고 있는 건 그나마 태극기의 힘 때문이다. 태극기 안에는 우주의 원리가 다 담겨 있다.

문_문재인 정부가 들어섰을 때 태극기의 잘못된 방향 같은 걸 다 잡아줬으면 했는데요.

답_바로 잡는다고 해도 시간이 오래 걸린다. 지금은 어쩔 수 없이 그대로 가야 한다.

03 | 제주도와 지저세계

제주도에 처음 정착한 종족은 삼남지역에 정착한 한국인과는 많이 다른 종족으로 그들이 지저세계*를 만들었다. 그들은 생존을 위해서 지구에 왔기 때문에 억세고 거칠었는데 지금 제주도 사람들의 성정에 그런 면이 남아 있다. 그래서 지저세계의 존재들은 영혼의 고향인 지구가 없어지면 안 되는 것이다. 이 지저세계에 있는 존재들의 성향이 치밀하고 주도면밀한데도 현재 지구를 지배하고 있는 외계종족을 쫓아내려고 한 작전들이 거의 다 실패하고 말았다. 그 이유는 제주도는 환경에

• **지저세계**_'지구 공동설'에 의하면, 지구 속은 우리가 알고 있는 것처럼 암석과 마그마로 꽉 채워져 있는 것이 아니라 텅 비어 있으며 그 빈 공간에서 또 다른 인류가 정착해서 살고 있다고 한다. 이 책에서 영적 존재들은 제주도에 정착한 종족이 지저세계를 건설했다고 한다.

적응하는 자연 친화적인 기술은 발달했는데 기계적인 기술은 외계종족보다 수준이 낮았기 때문이다.

한 5만 년 전부터 외계종족이 들어와서 지구를 점령하기 시작했다. 지배 성향이 강한 외계종족이 지구에 정착했고 우주에서 왕따인 종족들도 이때부터 지구에 와서 살기 시작해서 지금의 인종이 만들어졌다.

한국인이 정통이고 나머지 동남아인, 백인들은 외계종족과의 혼혈이다. 한국인과 일본인과 중국인은 유전자가 완전히 다르다. 일본인과 중국인은 유전자 조작도 많이 되었고 외계종족과 합쳐졌다.

특히 일본인은 많은 것들이 섞여 있다. 그래서 특이하고 극단적인 유형의 성격이 나타나고 있다. 중국은 소수민족하고 베이징 쪽이 약간 다르다. 소수민족도 외계종족의 한 종류다. 원래 몽고 고원을 사막화해서, 지구지배 이즈비가, 특수한 지역으로 만들려고 했는데 실패했고 유목민들이 그들 고유의 문화를 발전시켰다.

지저에는 샴발라, 팔로스, 니카이, 콘쇼 이렇게 네 개의 도시가 있다. 니카이와 콘쇼를 모델로 선인계 영혼이 건설한 나라가 중국이다. 베이징을 중심으로 청도지역을 그렇게 만들었다. 외계종족이 들어오면서 자기들의 생존을 위해서 선인계에서 건설한 중국의 전통문화를 모두 없애 버리고 지금의 중국을 만들었다. 샴발라와 팔로스는 빛에 가까운 도시인데 지저세계를 관리하기 위해서 만들어졌다.

총 일곱 개의 전혀 다른 우주가 있는데, 지구가 속한 물질 우주에는 상위우주와 하위우주가 있다. 구조가 그렇다. 상위우주에서 생명 나무를 만들어서 지구에 보낸다. 생명 나무에서 씨앗이 생기고 씨앗은 영에서 시작에서 영혼이 된다. 이런 중요한 역할을 담당하는 씨앗 행성이 지구다. 인체에서 상위우주와 연결되는 곳이 배꼽이다. 상위우주가 하는 역할은 첫째로, 세계가 파괴되지 않도록 유지하는 것이고 두 번째로, 영혼을 탄생시키는 것이다. 이 두 번째 역할을 하는 행성이 지구다. 물질 우주의 시작은 지구다. 그래서 지구가 중요하다.

하위 물질 우주에 있던 이즈비가 만든 생명 회사가 있었다. 여기에서 만든 인체 실패작들이 다 지구에 버려졌다. 이러한 것도 상위우주가 해야 제대로 한다는 걸 알고서 결국엔 그 회사를 없앴다. 지구에 처음 정착한 한국인의 인체는 상위우주에서 만들어서 보낸 거다.

처음에 만들어진 지구의 지형에서 지금도 계속 수정하고 있다. 뭐든지 새로 만들고 난 뒤에도 보강작업이 계속 이루어진다. 기존에 있는 것을 없애고 완전히 새로운 것을 만드는 것이 아니라 계속 바꾸고 보완한다. 에너지적으로만 바꿔도 형태나 겉모습이 바뀐다. 이즈비는 최대한 계속 유지하고 보존하는 쪽으로 간다. 없애는 것은 파괴적인 외계종족 이즈비가 하는 짓이다.

일단은 혈액형 A, B, O 세 가지 경우의 수로 인체가 만들어진다. 수정란이 태아가 될 때, 이때 영혼이 혈액형 작업에 들어간다. 그래서 혈액형이 만들어진다. 영혼이 인간으로 태어나기 전에 부모를 정하듯이 혈액형도 그렇게 결정한다. 이게 기본적인 큰 틀이라고 보면 된다. 그리고 나머지 DNA의 조합은 영혼의 성향대로 선택한다.

문_ 혈액형이 미치는 영향이 있는 거예요?
답_ 혈액형은 그냥 혈액의 종류일 뿐이다.

인체가 물질이니까 인체를 만들기 위해서 몇 가지 종류 중에서 영혼이 선택하는 것이다. DNA도 마찬가지로 조합을 하는 거다. 확률, 경우의 수를 가지고 조합한다.

큰 틀은 이런데 지저세계나 외계종족 같은 경우는 성향이 달라서 이게 완전히 다를 수 있다. 특수혈액형은 거의 외계종족이 넣어서 섞은 경우다. 다른 곳에서 실패해서 버린 것을 어떤 외계종족이 쓰고 있다는 건, 그 외계종족이 다른 우주에서 버림받았다는 의미다. 정식으로 인정받은 종족이면 좋은 걸 쓰지 왜 버려진 쓰레기를 쓰겠나. 그런 애들이 지구에 와서 이 모양 이 꼴로 만들었다. 어떻게 보면 하등인 종족이 지구를 지배하고 있다고 보면 된다.

그래서 인간이 깨어나는 게 굉장히 중요하다. 인간이, 지구를 지배하는 외계종족에 비하면 훨씬 뛰어나기 때문에 그들이 만든 감옥, 틀에서 많은 이즈비가 탈출하는 데 성공했다. 지구가 감옥 행성이라는 정보가 전혀 없었음에도 대략 40만 명이 탈출했다. 그 대표적인 예가 고타마 싯다르타이다. 고타마 싯다르타는 인체를 완벽하게 이해하고 사용했다. 지구라는 행성과 인체가 어떻게 유기적으로 연결되어 있는지 완벽하게 이해했다. 그래서 탈출에 성공했다. 아무런 정보도 없는 상태에서 대단한 일이다.

04 | 한국의 전통문화와 한국에서 시작하는 영성 시대

꽹과리 같은 전통악기를 사용하는 국악은, 에너지의 쏠림 현상을 구조적으로 흐트러뜨릴 수 있다. 한 방에 깨뜨릴 수 있다. 국악은 심장을 직접 쳐서 영혼에 메시지를 주기 때문에 파급력이 크다. 특히 한국의 역사적인 메시지를 전할 때 국악을 사용하면 강한 울림을 줄 수 있다. 많은 사람이 역사가 잘못되어 있다는 걸 은연중에 알고 있기 때문이다.

한국에 있는 전통적인 것들을 다 활용하면 그것만큼 전 세계적으로 영향을 끼칠 수 있는 것이 없다. 그래서 앞으로 영성이 한국에서 시작하는 거다. 강한 영향력을 끼칠 수 있는 것들이 한국의 전통문화에 많이 있다. 한국의 발달한 문화에 대한 자료들이 있었는데 미국이 신탁통치하면서 다 없앴다. 진실을 아는 것만으로도 사람들이 깨어나기 때문에 미국이 완전히 없애버렸다.

일제강점기 때 일본이 많이 없앴어도 숨기면서 남았던 것이 있었는데 그것마저 미국이 다 없앴다. 그 자료에는 의식 성장, 영적인 진화 이런 내용이 다 들어있었다. 인류의 시작을 연 한족이 만든 한문화의 원리가 다 들어 있어서, 이걸 알면 한국인들의 의식이 깨어나서 영혼과 합일이 되고 고차원과 소통이 될 테니까, 그걸 막으려고 남아 있는 것들조차 미국이 다 없애버린 것이다. 그렇게 자료들이 파괴되어서 한국인들이 한국 역사를 전혀 모르는 상태가 되었다.

단군은 일반인인데 너무 신격화되었다. 산신각, 이게 오히려 사람들의 에너지를 분산시켜서 흐트러지게 한다. 안 좋은 거다. 사람들이 많은 걸 바쳐도 에너지를 뺏어가기만 한다. 이상한 존재들이 에너지를 가

〈그림 3〉

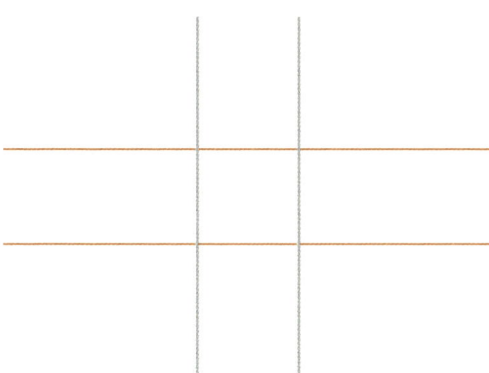

져가려고 해놓은 장치다.

  그나마 존재들이 제대로 지은 사찰에서 절을 하면 여기에서 공부했던 용, 동자승, 수호령이 따라온다. 우리가 같이 공부해서 너의 공부를 도와줄 테니 시너지효과로 성장해라, 이런 의미로 따라온다. 오래된 절이 제대로 지은 절이고 명당이고 기운영이 나온다.

  기본적으로 격자무늬가 있다〈그림 3〉. 격자가 물질을 창조하는 방법 중에 하나인데 한국의 전통문양이기도 하다. 기본이 격자이고 옛날에는 기역자, 니은자, 디귿자로 집을 많이 지었다. 에너지가 그 형태를 따라서 들어오고 나간다. 이걸 기본으로 해서 마을이 형성되었다.

  배산임수처럼 뒤에 산이 있고 앞에 천이 흐르는 곳에 마을을 만들면 하늘의 에너지가 내려와서 집집마다 돌고 다시 아래로 내려간다. 에너지가 이렇게 흐르고 순환되어야 사람 사이에 갈등이나 충돌을 피할 수 있다.

전통가옥에는 기와집과 초가집이 있는데, 기와집에 사는 사람은 주로 사무직에 종사하는 사람이라고 보면 되고 초가집에 사는 사람은 주로 농사 같은 생산직이라고 보면 된다. 초가집은 노동하고 나면 피곤하니까 통풍이 잘돼서 피로가 잘 풀리게 하려는 목적으로 만들어졌고 기와집은 햇빛을 막아주는 용도가 있다. 햇빛을 너무 받으면 어지러우니까 머리를 쓰는 직업은 머리에 무리가 가는 걸 막기 위해서 기와집을 지었다.

원래는 하인이기보다는 수행원이라고 볼 수 있었다. 집을 관리하는 수행원이 한집에서 같이 사는 거였다. 마을을 관리하는 등의 실제적인 일을 하는 건 이 사람들이었다. 그런데 조선 시대에 고리대금업자들이 등장하면서 수행원이 하인으로 전락하기 시작했다. 여기서부터 계급이 생겼다. 부를 축적하면서 계급이 생긴 것이다. 상인, 상단을 꾸리는 사람, 돈을 대주는 사람, 이 세 사람이 역할만 다를 뿐 사실 동등한 입장이어야 정상인데 이걸 계급사회로 만든 게 현재 지구를 지배하는 존재들이다.

정상적으로 된 시대가 단군 이전의 시대였다. 이때가 한국인의 선조인데 자료가 다 없어져서 역사가 제대로 남아 있는 게 하나도 없다. 지금 한국인들은 날조된 역사를 알고 있다. 조선 시대에 그나마 단군 이전의 문화유산이 남아 있었다. 조선 이전 시대의 문화는 대부분 다른 외계인 종족들이 정착해서 만든 것이고 조선 시대 때 지구지배세력이 갑자기 약화되면서 단군 이전에 살았던 한족이 이때 많이 태어나서 그나마 조금 복원했다. 그래서 세종대왕이 한글을 창제하는 등 문화가 융성했다.

　지금 알고 있는 한국의 전통문화는 대개 조선 시대의 것인데 국악과 문양 같은 것이 이렇게 만들어진 것이다. 흔적을 없애지 않고 계속 유지하고 보존하는 것이 영적 존재들의 특성이다. 그래서 원형이 없어지면 다시 복원하려고 노력한다. 그나마 한국에는 풍수지리와 기문둔갑이 남아 있는데 쓸만한 내용은 별로 없고 약간 비슷하기는 하다.

　전래민요, 설화, 동요에 한국의 전통문화가 조금씩은 남아 있다. 오랜 옛날부터 구전으로 내려오는 이야기에 많은 것들이 숨겨져 있는데 잔인한 종족을 피해서 전수를 하다 보니 그런 방법을 택할 수밖에 없었다. 전통을 유지하기 위해서 그렇게 숨겨놓은 것들이 제법 많이 있다.

　민요 '아리랑'에는 '아리랑 고개'라는 고난과 역경을 넘어야만 의식이 성장해서 영혼의 고향인 우주로 갈 수 있다는 영적인 의미가 있다. '리'는 돌고 도는 길을 말한다. '나를 버리고 가시는 님은 십리도 못 가서 발병 난다'는 동료를 버려두지 말고 같이 가라는 의미이다.

　나무껍질이 영적인 기능을 한다. 옛날에 한국인들이 먹을 게 없어서 나무껍질을 먹은 게 아니다. 조개류는 조갯살이 아니라 껍질에서 나오는 것이 세포막을 좀 바꾸어 준다. 리딩이 될 수 있도록 그렇게 바꾸어 준다.
　뿌리채소인 송이나 칡, 도라지 이런 것들이 각성에 좋다. 각성이 되면 영혼의 원래 기억들, 전생의 기억들이 좀 돌아온다. 뿌리채소가 가장 좋은 지역이 한반도. 가장 영적인 그리고 기능적으로 가장 좋은 품질은 한반도에서 난다.

남해에서 나는 해초는 확실히 지저세계와 소통할 수 있게 해준다. 지저 세계에는 지구를 영적으로 이끌어주는 영단과 존재들이 있는데 그쪽하고 연결해준다. 수행을 잘 할 수 있도록 해초류가 도움을 주는 것이다.

한국이 단일민족이라는 것이 다른 외계 종족에게는 굉장한 위협감을 준다. 한국이 단일민족이니까 그 안으로 들어가면 외계종족인 자기들이 금방 사라질 수 있다는 그런 인식이 있다. 그래서 한국에 들어오는 걸 두려워하는 게 있다. 그들은 우주에서 소멸을 겪어본 종족이기 때문에 그렇다. 우주에서 발생하는 일들은 너무나도 다양하다. 얘기를 해봐야 인간이 이해할 수 있는 수준이 아니라서 여기까지만 얘기한다. 굉장히 복잡한 많은 현상이 있고 각각의 이유가 있는데, 그 이유를 현재의 인간이 이해할 수가 없다. 지구지배 이즈비가 이즈비 세계에서 왕따가 될 수밖에 없는 어쩔 수 없는 이유가 많다.

우주에 행성이 생기면 자리를 잡기 위한, 뿌리를 내리기 위한 에너지 작업을 많이 한다. 지금의 지구처럼 행성의 주기가 바뀔 때 많은 영혼이 파견되는데, 인간으로 태어나는 경우도 있고 육체 없이 존재로 와서 작업하는 분들도 아주 많다. 지금 지구에 거의 모든 우주에서 존재들이 와서 작업 중이어서 대한민국이 급격하게 변하고 있다.

05 국악과 지역의 에너지적 기능

북은 횡격막을 열어주고, 장구는 머리(상단전), 꽹과리는 귀와 신경계, 징은 심장을 열어준다. 치료하고, 정화하고, 에너지적으로 상승하게 해준다. 이런 목적으로 악기를 만들었다. 5음계가 영적인 걸 열어주고 서양의 7음계는 감정의 분출, 스트레스 해소에 도움이 된다고 보면 된다. 가야금이 파장이 가장 높아서 자폐에 가장 효과적이고 다른 악기들도 최소한 심리치료 기능이 있다. 태평소는 얼굴 전면 에너지를 정리해준다. 눈, 코, 입, 이마 다 해당하며 얼굴이 에너지적으로 제대로 자리가 잡혀야 한다.

일단 얼굴이 균형이 잡혀야 생각이 균형 잡힌다. 그래야 한쪽으로 쏠리지 않는다. 대금은 마음과 가장 관련 있는 악기 중 하나다. 마음 깊은 곳까지 들어갈 수 있다. 그래서 나를 보게 해주는 그런 영역대다. 단소는 목에서 명치까지 에너지가 정리되고 목 차크라와 가슴 차크라 사이에 있는 보조 차크라를 열어준다. 보조 차크라는 영적인 보조 역할을 하는 차크라를 말하는데, 이것까지 합치면 인체의 차크라*는 만 개가 넘는다.

소금은 사람들 사이의 에너지 교환이 원활히 되게 해준다. 그러니까 기대사가 잘되게 해주는 거라고 보면 된다. 일단 기본적인 5음계는 익히는 게 좋다. 서양악기로 했을 때는 이런 기능이 국악기보다는 약하지

- **인체의 차크라**_인체에 있는 차크라의 수에 대해서 4개, 6개, 7개, 11개, 13개가 언급되고 있다. 차크라 개수가 많을수록 세분화한 것으로 볼 수 있는데, 여기서 '만개가 넘는다'고 한 것은 인체에서 '회전하는 미세한 에너지'를 모두 지칭한 것이다. 그리고 그 에너지마다 각각 고유한 기능이 있다(편집자 주).

만 그래도 에너지적인 작용을 한다.

한국인들이 대중가요 중에 단조를 좋아하고 서글픈 노래를 좋아하는 이유는 국악 정서가 있기 때문이다. 국악의 특징은 선율을 통해 슬픔을 승화시켜서 더 높은 정신적인 감성으로 나아가게 하는 것이다. 승화는 영적인 성장을 의미한다. 국악은 음악을 통해 영적으로 성숙하게 하려는 의도에서 만들어졌다.

어떤 모습으로 살아도 일상생활 속에서 음악으로 승화하도록 한 게 두레나 품앗이다. 농사지을 때 거기서 부드러운 가락이 나오는 것이다. 그때는 일상생활과 영적이고 정신적인 게 다르지 않았다. 서로 분리된 게 아니라 하나로 돌아갔다. 강강술래 같은 춤이 그런 것을 상징한다. 다음에는 명절을 얘기할 건데 기초공부를 하고 와라.

○○) 단오는 제가 찾아봤어요. 중국 화산에 있는 대상방이라는 수행장소에 갔을 때 가장 양기가 많다는 자리에서 잠시 좌선을 하고 있었어요. 눈을 감고 있는데 정면에 끝도 없이 하늘로 솟은 절벽이 나타났는데 붉은 색의 단자가 바위벽에 크게 새겨 있는 거예요. 붉을 丹 자가 아니고 바를 端 자였어요. 나중에 사전을 찾아보니까 1월 1일, 3월 3일, 5월 5일처럼 음력으로 홀수인 달에 달과 같은 일인 날이 양기가 센 날인데, 그중에서 5월 5일이 가장 양기가 센 날이고 단오라는 세시풍속이 그런 이유로 있었어요. 신기하던데요.

24절기는 지구의 순환이 인체의 순환과 같이 돌아가도록 그렇게 만들어졌다. 거기에 맞춰 명절과 음식이 정해졌다.

광화문은 상위 에너지가 들어오는 곳이다. 그래서 뭔가 변화가 필요할 때 광화문에 기운영을 간다. 상위우주에서는 에너지도 주지만 역할도 준다. 남대문은 새로운 뭔가를 하기 위해서 문을 여는 곳이다. 흥인지문은 말 그대로 순환을 시켜서 잘 돌아가게 하는 의미로 기운영이 나온다. 그래서 숭례문은 들어갔다가 나와야 하고 흥인지문은 문 주위를 돌아야 한다. 광화문의 현판과 숭례문이 최근에 바뀌어서 제대로 기능을 하게 되었다.

광화문 광장과 청계천의 역할은 큐다. 큐가 뭐냐면 인생의 지도, 보이지 않는 세계의 지도 역할을 하는 건데 광화문 광장과 청계천이 그런 지도다. 대한민국 운명의 지도라고 보면 된다. 보이지 않는 세계의 지도하고 보이는 세계의 지도가 같이 공존하고 있다는 개념으로 보면 된다. 그 위치에 그런 장소가 있는 게 그런 이유다.

북악산 서쪽에서 발원하여 청계천으로 흘러드는, 성북천에 만들어진 삼선교가 선계 쪽이고 국가의 운명이 시작되는 곳이다. 국가의 운명이 잘 흐르게 하도록 천을 일부러 냈다. 원래 수기(물)로 에너지를 운영하기 때문에 처음부터 지형을 그렇게 만들었다. 에너지 운영은 물의 기운으로 한다. 그래서 해류가 돌면서 지구의 운명이 바뀌는 것이다. 지형을 바꿀 때 물과 생물이 주로 작용한다.

한국에서 에너지가 세고 좋은 장소가 다섯 곳인데, 여기서 한국의 흐름을 결정한다고 보면 된다. 한국에서 무슨 일을 시작하려면 선계에서 먼저 에너지 작업을 하는데 그곳이 삼선교이다. 길상사는 받쳐 주는 역할을 한다. 조계사는 변형이다. 에너지가 들어와서 나갈 때 바뀌어서 나간다. 여의도의 '여의'는 영혼의 뜻대로 가는 것이다. '여의'는 존재와의 합일을 말한다. 인간이 영적으로 바른길로 제대로 진화하도록 흘러가는 걸 의미한다. 북악산 빼고는 나머지 네 군데가 기운영이 많이 나온다.

2부

영적 존재들이 들려준 이야기

레무리안 시드

레무리안 시드는 레무리아인들이 다음 세대의 차원 상승과 영적 진화를 도와주기 위해 남기고 간 선물이다. 144,000인은 지구에 태어난 레무리아인이고 이 중의 80%가 한반도에 있다. 레무리안 시드는 서로 동조를 한다. 차원 상승, 힐링, 위빠사나 명상을 하게끔 도와준다. 레무리안 시드는 씨앗으로 하나의 씨앗에 하나의 영이 있고 이 영이 주인을 선택한다. 처음에는 에너지 덩어리였다가 시드가 이끄는 대로 잘 따르면 아이로 성장해서 시드에 들어갔다 나왔다 한다.

1장
고향별에서 오셔서 말씀하시다

01 '사르바카티야'라는 고향 별에서 왔다

자기장이 바이러스와 세균으로부터 인체를 보호해준다. 자기장이 세포막도 보호해주는데 현재 ○○는 이게 없다. 자기장을 만들어주는 건 자연에너지다. 그리고 인체가 구석구석 정상적으로 돌아가게 하기 위한 에너지 통로들이 또 있다.

인체를 크게는 목, 가슴, 배꼽, 골반으로 나눈다. 목에서 에너지가 각 장기로 간다. 목이 장기가 제대로 돌아가게 하기 위한 통로다. 이런 통로는 인간으로 태어날 때 태아 상태에서 형성되는데 ○○의 경우는 이게 제대로 형성이 되지 않았다. 이런 걸 치료하는 걸 영적 치료라고 한다. 이 치료는 고향별에서만 할 수 있어서 이렇게 왔다. 워낙 급해서 다른 존재분의 강의를 뒤로 미루고 먼저 얘기하게 되었다.

우리는 '사르바카티야'라는 행성에서 왔다. 우리 행성의 영혼은 인간으로 태어날 때 필요한 생체 조정이 다른 행성의 영혼보다 훨씬 오래 걸린다. 그런데 ○○는 태아가 세상 밖으로 태어날 때 좀 빨랐다. 이게 완전히 형성되지 못하고 태어났기 때문에 어려서부터 몸이 안 좋을 수밖에 없었다. 보통 인체의 구성성분 중에 70%가 규소인데 ○○는 이 규소 비율이 좀 다르다. 64%만 해당된다. 그래서 다른 요소들이 더 많이 골고루 들어가야 하는 상황이다.

이 행성 출신들은 대부분 인도에서 많이 태어난다. 인도가 잘 맞으니까 거기서 많이 태어난다. 인도 사람들이 주로 채식인데 채식도 기후에 따라 다르다. 그러니까 농축된 거, 응축된 게 ○○에겐 좀 맞다. 한국 음식에 염분이 많은데 ○○는 염분이 그렇게 많이 필요하지는 않다. 미량원소들이 골고루 퍼져있어야 좋은데 채소 중에서도 주로 열대지방에서 나는 채소를 먹으면 도움이 된다. 과일보다는 채소를 먹어라. 아스파라거스랑 파슬리, 샐러리 같은 게 좋다. 한국에서도 이런 채소들이 생산되어서 그나마 다행이다. 코코넛도 괜찮고 비트, 야콘도 좋다.

보통 이 행성의 영혼은 대인관계 능력이 필요한 교사가 직업으로 잘 맞는다. 고향 별에서 앞으로 작업이 들어간다. 특히 밤에 작업이 들어갈 거다. 몸을 교정하는 작업인데 아프기도 하고 그렇다. 고향 별에서 지구에 없는 에너지인 상위 에너지로 작업하는데 새롭게 들어오는 에너지로 작업하는 거다. 이런 단기치료는 이쪽 별에서만 할 수 있다. 회로는 자기장 복원을 위해서 하는 것이다. 이게 온전치 않으면 사람을 만나기만 해도 그들에게 있는 독소를 그대로 받을 수밖에 없다. 그래서 그런 거다.

"사람이 많은 곳에 가면 어지러워요."

사실, 몸이 안 좋은 가장 큰 이유는 사람들한테서 탁기 같은 안 좋은 기운을 받기 때문이다.

"목이 항상 꽉 막혀 있는 것 같은데 이것도 좋아지나요?"

그것도 다 치유한다. 장기는 이쪽에서만 치료할 수 있다. 요리에 레몬을 넣어 먹든가 아니면 물에 레몬을 넣어서 먹으면 목이 좀 좋아질 거다. 레몬이 살균 역할을 하니까 안 좋은 에너지들이 빠져나간다.
원래는 인체 회로가 또 있다. 에너지가 통로로 들어오면 그걸 운영하는 인체 회로가 또 따로 있다. 인체 회로가 제대로 작동하려면 먼저 독소를 빼주는 작업이 필요한데 이 인체 회로가 운영되게 해주는 게 아연이다.

몸을 교정하는 작업이 일주일 내내 있을 텐데 많이 피곤할 수 있다. 이 기간이 지나면 괜찮아질 거다. 몸이 좋아지면 자신감이 생기고 불안감도 없어진다. 지금 자궁이 안 좋은 것은 골반에 문제가 있어서 그렇다. 골반만 제대로 잡혀도 많이 좋아질 거다. 골반이 담당하고 있는 곳이 대장하고 자궁인데 골반만 잡혀도 두 곳은 좋아진다. 뼈가 틀어져서 몸이 안 좋은 경우도 많다. 그래서 일반인들은 뼈만 교정되어도 몸이 많이 좋아지는데 무조건 병원에 가는 건 잘못된 거다.

상위 에너지가 내려오면 고관절, 골반에서 에너지가 전방으로 퍼진다. 몸의 독소를 빼내야 해서 에너지가 전방으로 퍼지게 한다. 그리고 이 에너지가 지구 밑으로 접지가 되게 하는 공간이 골반이다. 접지가 되고 독소가 죄다 빠져야 지구 에너지가 들어온다. 이 에너지로 몸을 회복시키고 일단은 건강해야 다른 일도 잘 된다. 돈을 가장 빨리 버는 방법은 일단 건강한 거다. 지구 에너지가 들어 와서 운영되면, 이거는 내 에너지가 아니어서, 지구 에너지가 알아서 해준다. 인생도 술술 잘 풀린다.

결이 다른 영혼

몸이 아프고 이런 이유는 ○○가 결이 있어서 그 영향을 받아서 그렇다. 화학적인 것에 민감한 이유가 결 때문이다. 화학적인 게 결 사이사이로 다 들어가는데, ○○의 경우는 그걸 다 감지한다. 일반인은 절대 감지할 수 없다. 그래서 몸이 아프다. 그런데 이걸 감지한다는 건 이걸 이용해서 뭔가를 할 수 있다는 뜻이다. 다른 사람에 비해서 할 수 있는 게 많다. 이게 초미세 감각이다. 그래서 죄다 반응을 한다. 꽃가루 같은 것도 다 반응을 한다.

"혼자 미세먼지 안 좋은 거 알고 옆집에 불났는데 다른 사람은 괜찮은데, 옆에 있던 나이 많은 아줌마도 괜찮은데 저만 쓰러지고 그래요. 나만 왜 이런가요."

일단 화학적인 게 몸에 들어가면 안 된다. 그게 죄다 장기로 침투해서 장기를 망가트린다. 이런 사람들은 자기를 조절해서 뭔가 개발을 하면 진짜 무궁무진하게 발명할 수 있다. 결은 파장이나 파동과는 약간 다르다. 그것보다 더 미세한 에너지의 흐름인데 그걸 감지하는 것이다. 일단 에너지는 기본적으로 파장과 파동인데, 결은 흐름이라고 보면 된다. 이걸 감지하는 거다. 몸에서 이걸 감지하고 반응하는데, 반응하자마자 몸 전체로 바로 흡수가 된다. 그래서 장기에 쌓인다. ○○는 몸을 치유하는 데는 오히려 빛이 좋다. 지구에서는 이 빛이나 광선이 아직 개발이 안 되어 있다. 아로마 같은 경우는 파동 입자여서 맞지 않고 차라리 빛이 나오는 원석이 좀 더 맞다. 평소에 태양 빛을 많이 본 게 그래서 그렇다. 빛이 가장 빠른 것이어서 그렇다.

회로를 계속하면 방어막이 생긴다. 방어막이 생기면서 조절이 되고 그러면 영향을 별로 받지 않게 된다. 먹는 거만 조금 주의하면 된다. 방어막이 생기면 사람들한테서 들어오는 좋지 않은 독소를 막아주니까 그런 걱정은 안 해도 된다.

02 │ 포자를 개발한 '튜율'이라는 이름의 행성

보통 사람의 학습 패턴은 한 단계, 한 단계, 단계별로 진행되는데 동시에 학습하는 사람도 있다. ○○는 몸에서 지금의 단계가 완전히 끝나지 않으면 다음 단계가 진행이 안 된다. 그래서 먹 회로로 몸에 있는 안 좋은 것들을 다 빼내야 몸의 단계로 들어갈 수 있다. 몸에 탁기, 감정, 검은 것들이 다 들어있는데 이걸 빼낸 다음에 몸을 움직일 수 있다. 심리치유가 되어야 몸 수련이 가능해서 그다음에 영혼의 합일로 갈 수 있다. ○○행성 사람들이 복잡하고 동시에 한 번에 하는 걸 별로 좋아하지 않는다. 그러니까 먼저 몸에서 모든 단계가 끝나야 한다. 이렇게 되면 다른 사람들처럼 오래 걸리지 않고 빨리 끝난다.

"먹 회로 하면서 집에서 엄청 예민해졌어요. 엄마에 대한 분노가 머리끝까지 차올라서 무슨 말 한마디만 해도 막 화가 나요. 어렸을 때 나한테 했던 말들이, 단어들이 다 떠올라요."

지금 어렸을 때 그런 거 다 올라오고 있는 거다. 왜 그러냐면 몸의 세포들이 예민하기 때문이다. 세포가 있고 영혼의 파동과 파장이 있는데 이게 굉장히 미세하다. 이 미세한 것과 세포의 미세한 것이 거의 일치한다. 그래서 그렇게 감지가 다 되는 것이다. 그리고 한국은 가장 거친 곳이라 세포가 다 깨져버린다. 그래서 그동안 몸이 안 아픈 데가 없었다. 이게 회복되니까 몸도 치유가 되는 거다.

몸에는 자체 치유기능이 있다. 세포와 에테르체는 굉장히 밀접하다. 몸과 영혼을 연결해주는 게 에테르체다. 천전리 각석으로 기운영이 나온 이유가 에테르체를 회복하기 위해서다. 세포재생을 위한 에너지는 여기가 가장 강하다. 제주도에서는 곶자왈인데, 이 두 곳의 에너지는 약간 다르다. 곶자왈은 생명 에너지가 더 강하고 천전리 각석은 에테르가 가장 강하다.

○○는 그래서 그룹이나 집단에서 특히 힘들다. 그룹에 있으면 자기 스스로 튕겨나가는 경우다. 미세해서 사람들 거친 파동을 감당하지 못한다. 그룹은 그룹 자체의 에너지장이 형성되고 밀도가 세다. 특히 한국인의 그룹 밀도는 엄청 센데, 세계의 흐름을 바꿀 수 있을 정도의 힘이다. 우리 행성에서 그래도 지구가 스파르타식 학교니까 빨리 성장하라고 보낸다. 미세해서 예술, 문화계 일이 잘 맞는다. ○○ 고향 행성 이름은 '튜율'이다.

특히 형태적인 걸 잘한다. 그림을 그릴 때도 형태로 그리고 음악 같은 경우는 멜로디에 강하다. 춤의 경우는 춤의 전체적인 모양, 형태 이런 거에 강하다. 이런 것들을 지도하는 능력도 뛰어나서 개인지도 하는 것도 잘 맞을 것이다. 앞으로 이런 방면으로 일하면 잘할 거다.

아주 섬세해서 사람들이 읽을 수 없는 것들을 읽을 수 있다. 감정하고는 좀 다른데 이런 능력을 사람들과 일할 때 잘 적용하면 일이 잘 될 거다. 이 능력은 아로마 테라피를 할 때도 그렇고 뭐든 섬세한 걸 잘 건드린다. 그래서 사람들한테 잘 적용이 돼서 잘 하게 된다.

화분이라는 게 있다. 그걸 차로 마시면 몸이 균형이 좀 맞아진다. 손목을 꺾어서 아래로 돌리는 걸 많이 해라. 발목도 그렇게 해보고. 이게 에너지장 마사지다.

일반적으로 자기장이 도는 방식과 다르게 ○○는 자기장이 어렵게 돈다. 보통 응집 하나로만 단순하게 돌린다. 흡입은 흘러가는 걸 말한다. 이 흘러가는 것에서 창조가 일어나고 응집하는 것에서 정보나 자료를 모은다. ○○는 이 두 개가 합쳐져서 완전한 토러스가 작용한다. 그리고 또 외부에 있는 다른 파장과 파동을 잡는 역할을 한다. 좀 특이한 게 있으면 응집하고 재창조해서 쓴다. 이런 에너지가 의외로 마케팅에서 성공적일 수 있다. 그래서 인간관계만 좋아지면 사업에서 실패할 사람이 별로 없다.

"이렇게 끝이 뾰족한 수정이 집에 있나?"
"아, 있어요."

이렇게 뾰쪽한 게 별 에너지를 담는다. 그래서 집에다 두면 그게 별 에너지를 담아서 집안에서만 돌게 방사해준다. 위치는 그냥 놓고 싶은데 놓아라. 기존의 사회는 너무 경직되어 있는데 변화의 시대에는 이제 좀 유리해진다. 앞으로, 지금보다는 많이 편해지고 좋아질 거다. 다가올 세상은 굉장히 유동적이기 때문에 자기 생각이 강한 사람들이 오히려 변화에 적응하지 못한다. 변화하는 시대에는 잘 적응할 거다.

○○는 마법사니까 얘기하자면, 마법쪽에서는 우주를 네 단계로 나눈다. 우리는 물질계 자체를 1단계 이하로 본다. 일단은 땅에 내려왔기 때문에 적응할 수밖에 없다. 원래는 성층권에서만 왔다 갔다 하고 이런 물질세계의 대기권 밑에 살지는 않는다. 대기권 밑에 사는 경우는 특별한 경우이기 때문에 가끔 있는데 이것도 괜찮을 것 같다. 그래서 가끔 보낸다. 여기 있는 게 전자파가 심해서 더 상황이 안 좋기는 하다.

바다로 흘러가는 지하수가 가장 잘 맞는다. 그런데 구할 수가 없고 약수도 지금은 다 오염된 상태여서 마실 수가 없어서 물의 밀도를 약화시키는 걸 찾다가 그나마 꽃이어서 화분을 먹으라고 하는 거다. 정말 너무하다 싶을 정도로 지구는 있을 수 있는 상황이 아니다. 할 말이 없는데 어쨌든 잘 지내라.

별의 특수기능이 있다. 개인이 쓰는 별이 보통 네 개 정도 있다. 자기별이라고 보면 되는데 내가 사용하는 별이 네 개면 이 별을 현실에서 다 쓸 수 있다. 별 에너지를 써서 치유도 하고 사업도 하고 일도 하고 그런다.

미국항공우주국(NASA)이 얘기하는 건 다 거짓이다. 별을 운영하는 것도 인간이다. 그리고 주인인 인간이 죽으면 당연히 이 별도 없어진다. 그런데 자신이 별 자체로 있을 수 있는 사람도 있다. 죽어서 영혼이 빛의 존재로 있고 싶다고 하면 별이 되는 거다. 별의 쓰임이 엄청 광범위하다는 뜻이다. 그래서 ○○ 같은 사람은 별이 몇 개가 있다. 별 자체가 왔다 갔다 한다. 지구 위에서 움직인다는 뜻이다.

점성학은 우리가 배운 지식하고 완전히 달라서 일단 배운 것부터 머리에서 지워라. 다 거짓말이고 쓸모없다. 점성술 하는 사람들이 별에 대해 너무 잘못 알고 있고 별의 기능을 전혀 다르게 알고 있다. 원래 별은 그런 게 아니다. 초신성이 제자리에서 조금 틀고 왔다 갔다 하는데 그 영향을 받아서 ○○가 똘기가 있는 거다. 별이 많이 이동하는 것도 아니고 제자리에서 이리 조금 저리 조금 움직인다. 누구나 네 개의 별이 기본으로 있고, 그 외에 운영하는 별이 있는데 이렇게 자기가 만든 별은 없어지지 않는다. 죽어서 그 별을 가지고 간다. 그런 게 간혹 있다.

"우리가 보는 별자리 운세, 그런 건 어떤 건가요?"

그런 건 수이지 별과는 다르다. 토정비결도 수리인데 별자리 운세랑 토정비결이랑 약간 비슷한 이유가 수리로 했기 때문이다. 그냥 수비학으로 보고 그걸로 별을 연구하지는 마라.

"그럼 내가 별의 영향을 받고 별에 영향을 줄 수도 있겠네요."

별을 운영함으로써 현실을 바꾼다. 어떤 중요한 일을 시작할 때 유성이나 별똥별 같은 게 작용을 한다. 뭔가 중요한 일이 발생하는 시점, 아니면 중요한 누군가가 뭔가를 시작하는 경우에 그렇다. 별은 전쟁과 가장 연관이 있어서 전쟁을 통해서 별을 이해하는 게 빠르다.

삼국통일 전쟁은 그야말로 별들의 전쟁이었다. 김유신 장군이 통일을 하기 위해서 별의 에너지를 사용했다. 그래서 별들이 폭발하는 게 장난이 아니었다. 엄청난 수의 별들이 폭발하고 새로 생겼다. 별을 창조하는 것도 인간이기 때문에 그렇다. 그래서 최소한 내년˙부터는 고차원 영혼들이 한반도에 태어나면서 진짜 별들의 전쟁이 일어나지 않을까 기대된다.

지금도 해외에서 별이 잘 보이는 곳에서 보면 별들의 활동이 장난이 아니다. 유튜브에 새로 생긴 별이라고 해서 올라온 동영상이 많이 있는데 내년부터 한반도에서도 그런 걸 볼 수도 있다.

별을 운영하는 사람이 마법사인 경우는 별을 배치해서 진을 짠다. 여러 개의 별로 진을 짜면 세상에 영향을 줄 수 있다. 그런 방법으로 마법사들이 세상을 조정하기도 한다. 계속 수련을 하다 보면 원래 있던 자신의 능력이 나오기 때문에 충분히 감지해서 현실로 드러날 거다. 지금 수련하는 사람들도 다 그렇게 될 수 있다. 정말 놀라운 능력들이 다 있는데 그걸 모르고 뻘짓을 하니까 한심하다는 소리를 듣는다.

- 2019년을 말한다.

식물의 뿌리와 별이 연결되어 있다. 별 에너지를 잘 쓰고 운영하고 싶으면 뿌리를 많이 먹어라. 어차피 하늘과 땅은 연결되어 있기 때문에 우리가 식물만 제대로 알아도 엄청나게 많은 것을 알 수 있다.

보통, 식물에 존재하는 영들이 굉장히 고급영이다. 인간은 고급영보다 낮다. 식물에 고급영이 존재하고 관여한다. 어쨌든 열심히 수행해서 별을 자유자재로 쓰길 바란다. 별을 잘 쓰면 다른 건 필요 없다.

아이디어는 그냥 나온다. 그래서 걱정하지 말라고 하는 거다. 그리고 튜율에서 식물이 번식하는 방법인 포자를 창조했다. 아무튼 튜율 행성에서 지구로 나온 사람들이 아주 좋은 일을 많이 하고 있고 유명해져서 우리는 걱정을 별로 안 한다. 이렇게 잘 해주면 안심이 된다. 그런데 지구에 일하라고 보냈는데 맨날 뻘짓만 하고 안 좋은 쪽으로 가면 아예 보내지 않는다. 그래서 좀 난처한 행성들이 있긴 있다. 더 얘기하면 뇌에 지진 날 것 같아서 여기까지만 한다.

"그럼 튜율에서는 지금 몇 분이나 지구에 와 있나요?"
"좀 많이 와 있다. 그래서 성공할 확률도 높다."

03 | 시간축, 인간의 우주여행

오해는 시간 축이 달라서 생긴다. 우리가 마음이나 생각, 느낌이나 감정 이런 것에 대해서 많이 잘못 알고 있다. 사실 생각과 감정은 물리적으로 달라서 생겨나는 것이다. 그런데 사람들은 이게 보이지 않기 때문에 마음에서 생겨난 거라고 착각을 하고 있다. 이게 사람마다 시간축이 다 달라서 생긴 거라서, 이 개념으로 보면 충분히 물리적으로 사람의 마음을 바꿀 수 있다는 걸 알 수 있다. 이렇게 논리적인 바탕이 있기 때문에 에너지 처리가 되면 인간이 바뀌는 것이다. 그래서 사람의 마음을 바꾸려면 물리적으로 바꾸어야 한다.

가장 대표적인 예로 갱년기 여성이 운동을 통해서 좋아지는 이유는 물리적인 방법을 썼기 때문이다. 우울증 치료 방법은 크게 두 가지로 운동과 햇볕을 받는 건데 이 두 가지 다 물리적인 방법이다. 마음으로 할 수 있는 건, 명상과 위빠사나를 통해 내가 나를 보는 거다. 그런데 희한하게 명상을 물리적으로 하니까 효과가 없다. 마음으로 해야 하는데 명상인들이 이걸 거꾸로 하고 있다.

"명상을 물리적으로 한다는 게 무슨 뜻인가요?"

대표적인 예로 "이렇게 호흡하세요, 저렇게 호흡하세요", "자세를 잡으세요" 그런 거다. 내가 나를 보는 게 명상이다. 비우는 건 마음으로 할 수 있는 거다. 그런데 사람들은 앉아만 있으면 명상이라고 인식하고 있으니까 거꾸로 하고 있는 거다. 사람들의 마음이 일치되면 어떨지 그 결과를 한번 생각해보라.

가장 대표적인 예가 '2002년 월드컵'이다. 사람들의 마음이 하나가 됐기 때문에 4강까지 갈 수 있었다. 그런 힘을 충분히 발휘할 수 있는데, 지금 명상을 거꾸로 하고 있어서, 그런 힘을 전혀 발휘하지 못하고 있다.

<그림 4>

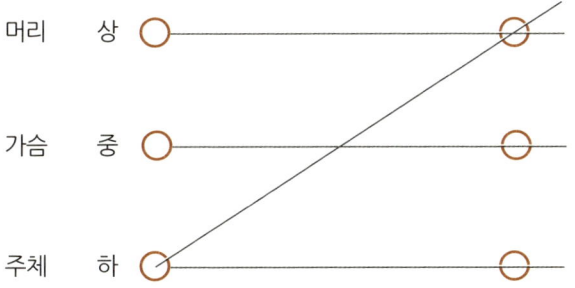

　<그림 4> 머리에서 머리를 쓰면 싸움만 난다. 주체에서 머리로 가면 통제하고 조정하는 거다. 가슴에서 가슴으로 가게 되면 치유가 일어난다. 그리고 주체에서 주체로 가게 되면 이건 힘이 강해진다. 머리는 이 세 가지의 균형을 잡기 위해서 쓰는 거다. 그러니까 머리를 전체로 퍼지게 골고루 분산하라는 뜻이다. 상·중·하 단전이 균형이 잡힌 게 가장 이상적이다. 상·중·하 단전이 균형 잡히려면 일단 몸이 반듯해야 하고 혈액순환이 잘돼야 한다. 막힌 곳이 없어야 된다.

　몸이 반듯해지기 위해서는 먼저 유전자가 복원되어야 한다. 지금 유전자 손상이 너무 심한데 주의력 결핍 장애는 유전자가 망가진 이유도 있다. 그리고 몸에 구멍이 너무 많이 나 있고 세포들이 결핍된 게 너무 많다. 영적 존재들이 요즘 일반인들을 보면 몸에 뻥 뻥 뚫린 구멍이 다 보인다. 그러니까 에너지가 샐 수밖에 없고 몸이 항상 피곤할 수밖에 없다. 외톨이가 많은 이유도 몸 상태가 이래서 그렇다. 몸에 구멍이 너무 나 있어

서 사람들 많은 곳에 있기 힘들다. 그래서 세포가 정상적이지 않다.

세포 자체도 자기장이 보호해주는데 이 자기장이 다 깨져 있다. 자기장은 사람마다 다 체질이 달라서 다르게 치료에 들어가야 된다. 그리고 이렇게 된 가장 큰 요인은 직장 같은 외부환경 때문인데 특히 한국의 회사는 사람을 엄청 쫀다. 그 자체가 자기장을 그냥 망가트리고 DNA까지도 망가트린다.

회사에서 받는 압박 때문에 사람들은 자기 파괴적으로, 자학적으로 되어간다. 회사를 그만두려고 일부러 몸을 아프게 만든다. 그런 식으로 방어가 일어난다. 그리고 대부분 상사나 임원들, 위에서 사람 조정하는 사람들에겐 날카로운 면이 있어서 본능적으로 아랫사람을 쫀다. 그러니 당연히 직장인들 몸에 구멍이 날 수밖에 없다. 직장 요직에는 죄다 이런 사람들이 많이 있어서 차라리 1인 기업이나 프리랜서나 창업을 하는 게 낫다. 일반인들은 회사에 들어가도 어차피 돈을 못 벌 수밖에 없는 구조다.

○○는 회로에서 에너지 자기장을 돌리는 게 많이 나오고 있다. 기본적으로 지구와 인간 모두 자기장이 돌고 있다. 이 자기장이 육체의 형태를 유지해준다. 이 자기장이 있어서 다른 우주에 갔다가 돌아올 수 있다. 그러니까 양자역학의 원리가 적용되는 우주와 지구에서 육체를 유지해주는 게 자기장이다.

양자역학과 자기장이 공존 및 양립할 수 있는 게 바로 인자˙다. 이 인

• **인자**_인간 창조의 가장 기본요소.

자가 망가지면 정신병자가 된다. 인자에도 그리드가 있다. 그리드는 모든 것의 기본이라고 보면 된다. 그다음에 영혼이 인간의 몸으로 들어와서 움직이는 원리는 회로다.

그래서 회로로 에너지적인 것이나 다른 것도 다 치료가 가능한 것이다. 회로로 물질도 변화시킬 수 있다. 인자, 회로, 물질 세 가지 방법을 동시에 쓰면, 정말 한 번에 좋아질 수 있는데 세 가지 방법을 동시에 다 쓸 수는 없다. 한 번에 쓰면 좋은데 이게 그렇게는 안 된다.

2장

회로 리딩과 상담의 예

01 고차원의 영적 존재들이 태어날 때는

몸 수련을 하지 않아도 되는 사람이 있다. 태어나기 전에 이미 몸의 구조를 빛의 몸으로 최적화해서 태어난 사람들이 그렇다. 요즘 고차원의 영적 존재들이 태어날 때는 아예 이렇게 태어난다. 어차피 지구는 기억이 삭제된 상태로 태어나고, 성장해서 지구에 적응하는 단계를 거치면서 지구를 어느 정도 알게 되면 위에서 열어준다. 몸을 열어주면, 몸은 모든 기억과 감정을 다 가지고 있으니까, 팔꿈치, 손목 같은 관절의 마디가 하나씩 열릴 때마다 기억이 되살아난다고 보면 된다. 일반인은 그 마디 마디에 있는 감정이 처리되고 없어져야 몸이 열린다. 인식만으로도 되는 사람은 몸이 다 준비돼서 태어난 사람들이다. ○○도 그렇고 ○○도 그렇고 아마 크면서 몸이 다 열릴 거다. 열리면서 전생까지 다 기억해낸다.

탑이 있고 사원이 있고 마당이 있다. 이렇게 세 개가 작동해야 한다.

그러면 전체 에너지장이 생긴다. 토러스가 작동하면 기본적으로 공간 에너지가 정화된다. 탑이 해와 달과 별의 에너지를 받아서 마당에서 합쳐져서 공간을 만든다. 그러면 그 지역에 사는 사람들의 부정적인 생각부터 없애기 시작한다. 부정적인 생각이 모든 걸 막고 있어서 없애야 된다. 앞으로 지구는 물질보다는 정신 쪽으로 간다. 사람들의 집단의식이 바뀌면 나라도 바꿀 수 있다. 이미 촛불 혁명이 많은 걸 증명했다. 그래서 가능하다고 생각하고 있다.

지금의 역사는 전쟁의 목적을 정복으로만 보는데, 어떤 전쟁의 진짜 목적은 지구 전체를 하나의 나라로 통일하려는 의도가 있었다. 그런 의도에서 시작됐는데, 개인이 자기 욕심을 버리지 못해서 생겨난 실수들로 실패했다. 통일신라도 그런 의도였는데 실패한 것이다. 나폴레옹도 사욕을 버리지 못해서 변질되었다. 히틀러는 영혼이 반반이 다르다. 원래 본영은 없어지고 다른 게 들어와서 바꿔치기가 되었다. 외계인이 바꿔치기로 히틀러를 이용해서 의도와 다르게 진행되었다. 원래 기존에 있던 영으로 지구를 하나의 국가로 만들려는 시도는 있었다. 그런데 영이 도망가서 그렇게 됐다.

02 | 고대에는 사람들이 어깨가 열려서 태어났다

선인들이 하는 인체 도술이 있다. 중단전의 에너지로 공을 만드는데, 공은 구 형태에다가 에너지를 꽉 채워서 돌리는 걸 말한다. 공에서 에너지를 다른 사람한테 직접 줄 수가 있다. 그렇게 공격을 할 수도 있고 방어를 할 수도 있다. 공을 만들 때 흉식 호흡을 하면 공의 힘이 세진다. 이건 선인들이 쓰는 방법이다. 다른 사람들은 이렇게 하면 몸이 망가질 수도 있다.

같은 방법으로 하단전의 에너지를 구체와 회전력으로 공으로 만들면 사람을 직접 공격할 수는 없지만, 그 사람의 주변 공간을 돌아가면서 조정 할 수가 있다. 어떻게 보면 꼼짝 못 하게 꽉 잡는 거다. 말 안 듣는 천덕꾸러기는 이렇게 제압하면 된다.

발바닥이 땅으로 연결이 되는데 땅 에너지를 흡수하고 하늘 에너지와 결합해서 다른 사람한테 보내게 되면, 이건 직선으로 보내는 것과 곡선으로 보내는 게 약간 다른데, 직선으로 보내서 치명타를 날릴 수도 있다. 곡선으로 보내면 사람이 좋은 쪽으로 많이 바뀐다. 마음을 움직이게 할 수 있다.

인체에서 굉장히 중요한 부위 중 하나가 어깨다. 고대에는 사람들이 어깨가 열려서 태어났다. 어깨의 에너지 통로는 그냥 열린 상태로 태어났다. 어깨가 하늘의 에너지를 받아서 하늘의 지도를 읽을 수 있게 해주는 에너지 통로다. 그리고 먼저 머리로 고차원의 메시지를 받지만 그걸 소통이 되게 원활하게 순환해주는 게 어깨다.

일단 어깨의 기운이 열려야 된다. 양쪽 어깨가 열려서 에너지가 통과하게 되면 정수리가 뚫어지면서 상위우주까지도 연결될 수 있다. 양어깨를 여는 것만으로도 그렇게 할 수 있다. 그리고 배꼽과 팔꿈치가 열리면 서로 자동으로 연결이 된다. 약간 곡선으로 에너지가 흘러가는데 이렇게 되면 현실적인 일이 변형된다. 그래서 다른 일을 할 수도 있고 전혀 새로운 일을 창조할 수도 있다.

원래 배꼽이 현실적인 일이긴 하다. 그리고 어깨 다음으로 중요한 부위가 무릎이다. 사람들 대부분이 무릎이 막혀 있다. 그라운딩이 잘 안 되고 허리가 잘 안 펴지는 이유가 무릎이 막혀 있어서 그렇다. 허리디스크는 거의 무릎 때문에 많이 생긴다. 관절운동을 해서 무릎을 회전하면 열리는데 그러면 자신의 전체적인 에너지와 힘 조절이 가능해진다. 그리고 땅에 붙어있는 힘, 두 발로 딛고 서 있는 힘이 커진다. 그 힘은 무릎에서 나온다. 그래서 몸이 반듯하게 서려면 일단 무릎부터 교정해야 한다.

네 명만 모여도 에너지장 회전 속도가 강해진다. 이 에너지를 쓰는 사람은 네 명 중에 기가 제일 센 사람이다. 그러니까 그 사람이 바르게 쓰면 좋은 일을 한다는 뜻이다. 가장 중요한 게 '바르게' 가는 거다. 그런데 바르게 쓰다가 똘기가 작용을 해서 일이 틀어지기도 한다. 특히 마법계와 선인계 사람들은 도술을 쓰기 때문에 이상한 걸 부르고 그러는데, 이런 자기 조절이 제일 힘들다. 그래서 초지일관 바르게 가는 사람들이 안정적이고 가장 낫다. 네 명, 여덟 명, 열두 명 이렇게 수리로 사람이 모일 때 힘을 발휘할 수 있고 힘이 세진다. 그리고 네 명이 모였을 때 한 사람이 주도권을 갖게 되면 갈등은 거의 없어진다. 그래서 그룹마다 리더가 있는 게 낫다. 리더가 없으면 잡음만 많고 되는 게 하나도 없고 그렇다.

외계의 뛰어난 존재들이 한국에 와서 만든 게 한글이다. 한글은 완전한 창조다. 누구나 깨어나면 그런 창조를 할 수 있다. 하단전부터 정수리까지 중앙 통로만 열려도 그런 창조를 충분히 할 수 있다. 코브라 자세가 그런 곳을 열어준다. 이렇게만 열려도 충분히 할 수 있고 몸이 다 열리면 이 몸을 가지고 우주 곳곳을 왔다 갔다 할 수 있다.

석가모니 부처님 말고는 아직 그런 사람이 없다. 모든 수련의 목적은 몸을 여는 것이다. 몸을 잘 쓰는 도구로 생각을 해야 하는데 왜 인형 옷 입히듯이 그렇게 생각을 하는지. 지구에서 경험하는 게 다가 아닌데 사고 자체가 너무 닫혀 있다. 확실히 더 좋은 게 많은데 그런 생각을 하지 못한다. 충분히 현실의 한계를 뛰어넘을 수 있고 우주의 많은 것을 몸에서 발견할 수 있다. 신비체험도 몸으로 다 할 수가 있다. 몸에서 일어나는 일들로 다 체험이 가능하다. 그러니까 우주로 통하는 문도 몸 안에 다 있다. 다른 우주나 다른 행성에 가는 것도 다 몸 안에서 일어나는 일이다. 예수님이 맨손으로 빵을 만든 것도 다 몸에서 일어나는 일이었다.

03 에너지 통로를 뚫는 성좌

○○한테 성좌(城座)가 있다. 성좌는 네 개의 문과 네 개의 성으로 구성된다. 성좌는 자체로 기능을 한다. 터널이나 에너지 통로 같은 곳의 한 가운데를 뚫기 위해서는 기본적으로 최소 네 개의 좌표가 있어야 하는데 성은 하나의 좌표로도 그냥 뚫어준다. 그런 성이 네 개가 있다. 9차원 에너지가 들어가서 한 번에 그냥 뚫어준다. 이게 되면 그 지역을 제도할 수도 있다. 힘이 제대로 받쳐주면 구(區)*까지는 가능하다.

  인간 제도와 공간 제도는 많이 다르다. 풍수지리만 조금 알아도 공간을 어느 정도 이용할 수 있다. 원래, 이 공간에 하늘의 기운과 땅의 기운이 같이 돌아가게 되어 있었다. 그런데 이게 모두 망가져서 다시 설계해야 한다. 보통 50년 걸려야 땅의 기운이 바뀌는데 이 제도를 통해 시간을 앞당길 수 있다.

04 천도의 네 단계

천도에는 네 단계가 있다. ○○는 현재 3단계까지 할 수 있다. 4단계를 할 수 있을지 없을지는 모르겠다. 1단계인 제령은 영체나 죽은 영혼이 아닌 그냥 에너지인 영을 보내거나 흩트리는 걸 말하는데 주로 빙의되게 하는 영이다. 2단계는 죽은 영혼인데 주로 낙태된 태아의 영이다. 3

- **구**_행정구역의 구를 말한다.

단계는 성인이 되어 죽은 영혼이다.

　이건 1단계를 하는 회로고 이건 2단계를 하는 회로고 이건 3단계를 하는 회로를 그린 것이다. ○○가 지금 사는 곳 주변에 이 작업을 하고 있다. 집에 있는 공간을 천도하고 있다.

　4단계는 좀 복잡한데 어둠 쪽과 도를 닦다가 죽은 사람들이 가장 골치 아프다. 주로 도를 닦다가 죽은 사람들이 고집이 가장 세서 천도하기가 힘들다.

　3단계는 그냥 일반인이라고 보면 된다. 일반인 죽은 사람들. 그리고 4단계 같은 경우는 재난에 의해 죽은 사람들, 어둠 쪽과 연결되어서 죽은 사람들, 자살이나 살인 이런 것처럼, 억울한 죽음인 경우인데 천도가 쉽지 않다. 3단계까지만 해도 깨끗해지고 거의 정화가 될 수 있다. 진짜 나의 모습을 찾는 걸 방해하는 것들이 이런 영들이니까 싹 정리를 해놓으면 스스로 자신을 제대로 알 수 있게 된다. 그러면 이런 영들이 어떻게 알고 그냥 간다.

　○○는 주변 사람들부터 작업해도 되는데 방법은 볼펜으로 영체나 영의 형체를 잡는 것이다. 먹으로 해도 되는데 볼펜으로 하면 자세히 나온다. 회로 하듯이 자꾸 그리면 된다. 회로가 이렇게 나오는 이유는 천도 명이 있다는 거고 하라는 소리다. 앞으로 시간이 지나면 천도를 해달라는 사람들이 저절로 올 거다. 왜냐면 일반인들도 관리하는 영적 존재들이 다 있어서 처리해달라고 알아서 보낸다.

　3단계까지만 정화가 돼도 집안 정리는 다 된다. 한 50~70%까지 된다. 특히 낙태나 유산은 여성에게 큰 상처로 남는다. 대개 무의식에 쌓여 있는데 3단계까지만 정화가 되어도 여기에 의한 트라우마는 해소되면서 무의식은 싹 정화가 된다. 그래서 이것만 해도 여성들에게는 큰 도움이 된다. 낙태나 유산에 대한 죄책감 때문에 난소암, 자궁암 같은 여성 질환이 생긴다. 그런 여성 질환을 방지하기 위해서라도 타고난 명이 있는 천도를 빨리하는 게 좋다. 여자들이 암으로 불임이 되는 비율이 60~65% 정도인데, 앞으로 한국에서 고차원 존재들이 태어나기 때문에, 가장 먼저 여성들을 치유하는 작업을 해야 한다. 고차원 존재들이 정상적으로 태어나려면 이런 작업이 꼭 필요하다. 일단은 자폐와 기형 그리고 희귀병으로 출산 되는 확률을 줄여야 하니까 무의식 정화가 먼저다. 무의식이 정화되면 이제 많은 정화가 진행된다.

자신을 치유할 줄 알아야 다른 사람을 치유할 수 있다. 그런데 요즘 힐러들은 자기 치유가 안 된 상태에서 다른 사람을 치유하고 있어서 문제다. 자기에게 트라우마 같은 걸림이 있으면 다른 사람을 치유하다가 그것에 막혀서 더 이상 진행할 수가 없다. 또 자신을 방어할 줄 모르기 때문에 다른 사람의 독을 죄다 받는다. ○○는 이제 회로를 하니까 방어까지 다 된다.

3장

5차원 상승과 영적인 아이들

01 | 5차원 상승과 사랑과 자비

지구가 영적인 세계로 가는 5차원 상승*과정에서 필요한 영적인 작업의 1단계는 사람들의 관심이 좀 더 정신적인 것으로 향하게 하는 것이다. 물질에만 많은 관심을 가지고 있어서 영성 에너지를 전파하는 게 첫 번째다. 하지만 물질은 아직 유효하므로 물질과 영성이 균형 잡히게 해야 하는데 산업구조가 바뀌면 삶이 곧 수행이 될 수 있다. '지구가 영성 학교'라는 것을 일반인도 알게 하는 게 첫 번째 단계의 목표다. 일반인들의 의식이 그 정도 되면 2단계로 넘어간다.

  2단계에서 본격적으로 물질이 아닌 것으로 지구의 형태 변화가 시작된다. 물질을 이루는 구성요소들이 바뀌는데 이때부터 완전히 새로운 에너지가 지구로 들어온다. 아마 2단계부터는 지저세계나 고차원세계

• **5차원 상승**_ 현재 4차원인 지구의 주파수가 훨씬 높아지면서 인체도 빛의 몸으로 변하는 것을 말한다.

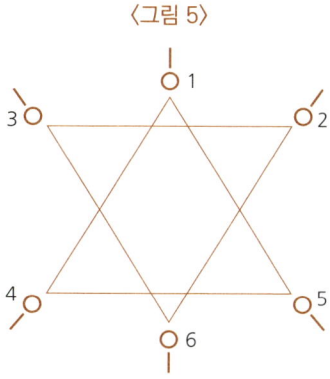
〈그림 5〉

와 소통이 어느 정도 되고 에너지의 순환이 자유롭게 될 것이다. 단계별로 시간이 얼마나 걸릴지는 모른다. 전적으로 지구인이 어떻게 하느냐에 달려있다. 영적인 사람들의 1세대가 어느 정도 성공을 거두어서 3세대의 시기가 온 것처럼 사람들이 어떻게 받아들이고 얼마큼 변할 수 있는지가 중요하다. 주체가 지구인이다. 그래서 영적인 작업도 사람이 있어야 가능하다. 결국엔 사람들이 해야 한다.

〈그림 5〉 수련을 하면 몸이 빛의 몸으로 바뀌는데, 빛의 몸의 에너지 구조는 육각이다. 이 육각을 '머카바'라고 하며 다음과 같이 에너지 작용이 이루어진다. 1번은 머리와 상위우주를 연결해준다. 2번은 물질 우주가 아닌 다른 우주와 연결해준다. 3번은 지구의 보이지 않는 세계와의 연결이고 4번은 영적 존재들과의 연결, 5번은 각도인데 공간 구조를 알게 하는 연결이고 6번은 사람과의 연결로 이게 양자장에 있는 사람의 에너지와 연결해준다. 왜냐면 모든 존재나 외계와 소통되게 하기 위해서다. 6번은 연꽃이다. 관세음보살이나 부처님 발밑에 연꽃이 있는데 이

게 곧 사람이다. 자비심이 여기에서 나온다.

　예수님의 사랑과 자비심은 완전히 다르다. 예수님의 사랑은 사랑의 에너지가 상처를 그냥 녹인다. 검은 에너지를 녹이면서 그냥 치유된다. 자비심은 모든 사람이 다 잘되게 도와주는 에너지다. 마음만 가도 그 마음의 에너지를 받아서 용기를 얻는다든지 자신감이 생긴다든지 하는 것이다.

　자비심은 땅 에너지와 연결된다. 그래서 주로 땅으로 들어가서 옆으로 많이 퍼진다. 연꽃이 퍼지듯이 그렇게 퍼진다. 이 모든 걸 알고 계셨던 분이 부처님이다. 그리고 머카바가 하나 더 만들어지고 이게 땅속에서 회전해서 하늘로 올라간다. 그러면 하늘에서 다시 내려와서 지구에 다시 머카바가 생긴다. 이게 바로 5차원 상승이다.

　현재는 4차원인데 이제 시작을 하는 거다. 4차원은 그냥 튜브라고 생각하면 된다. 갇혀 있다. 4차원을 뚫으려면 엄청난 에너지 변화와 충돌이 필요하다. 모든 걸 다 깨부숴야 한다는 뜻이다. 모든 게 다 사람을 통해서 이루어진다. 그래서 인간이 얼마나 중요한지 알아야 한다.

02 ｜ 영적인 세대

현재 30~40대*가 영적인 사람들의 1세대이다. 영적인 사람들은 스타시드, 인디고, 크리스탈, 레인보우다. 1세대가 30~40대이기 때문에 이제

● 　강의가 진행되던 2018년 기준이다.

영성이 현실로 드러날 수 있는 시기다. 이들은 영성을 산업화하는 사람들이다. 90년대부터 태어난 사람들이 2세대로 그 수는 1세대보다 두 배정도 많다. 2000년 이후가 3세대고 이때부터 고차원의 영적 존재들이 많이 태어나는 시기이다. 그래서 3세대 아이들이 대안학교를 많이 간다. 이 아이들은 제도권 교육을 이해하기 어렵고 견디지 못한다. 주입식 교육 자체가 내가 이걸 왜 배워야 하는지 이해가 안 되는 것이다.

2세대는 그동안 인간의 자아로는 인식이 안 되는 에너지적인 작업을 해왔고, 3세대부터는 현실로 보여주기 위해 움직이는 시기다. 돌아다니면서 작업을 하고 그 결과가 현실로 드러난다.

1세대는 조사, 감찰 수준이었다. 작업을 해도 되는지 안 되는지 지구의 상황을 조사하는 단계였다. 2세대가 에너지적인 바탕을 깔아주는 역할이다. 2세대의 가장 큰 역할은 부모를 각성시키는 거였다. 사람들이 너무 닫혀 있으니까, 부모가 수행하게 하는 건데 제대로 되지 않았다. 2세대는 거의 실패했다. 부모가 수행을 제대로 하지 않아서 2세대의 가족들은 다 따로따로 되어버렸다. 그나마 1세대가 성공해서 지금처럼 진행이 되고 있다.

영성을 산업화하는 작업은 그동안 거의 다 실패했다. 2018년 지금부터는 상업적으로도 성공할 수 있게 위에서 완전히 도와준다. 영성이 이상한 방향으로 상업화되어서 힐러들이 돈만 벌려고 하는 좋지 않은 결과가 나왔다. 앞으로는 제대로 하는 사람만 돈을 벌도록 도움을 줄 것이다.

3세대는 영적으로 민감하고 머리가 좋은 게 공통점이다. 기존의 것들을 당연하게 받아들이지 않는다. 기존의 방식이면 다 망한다는 걸, 좋지 않다는 걸 이미 알고 있다. 거기서 생기는 충돌은 파괴를 낳는데 기존의 것을 파괴하는 결과로 나타날 것이다.

사람들의 의식을 깨우기 위한 에너지 작업은 전부터 있었고 앞으로는 영성이 더 많이 퍼져 나가야 된다. 문화계에 많은 변화가 있을 것이다. '신과 함께'라는 영화가 대박을 쳐서 그나마 다행이다. 그걸 영화화하려고 엄청 많은 지원을 했다. 그거 하나 영화화하는 데 십 년이 걸렸으니 다른 일들은 오죽하겠나. 영성쪽이 그나마 지금 이 상태로 되기까지 백 년의 시간이 걸렸다.

청년들 취업난이 한편으로는 대학을 가지 않아도 된다는 인식을 퍼지게 했다. 특히 한국 대학은 과거에 이미 알던 쓸모없는 것들을 가르치고 있다. 그래서 돈 낭비, 시간 낭비여서 대학을 안 가도 된다는 의식이 조금씩 생기면서 청년들이 창업하는 방향으로 진로를 스스로 개척하고 있다. 그런 게 아주 중요하다. 내가 선택해서 스스로 뭘 하는 게 중요하다. 대학이나 직장을 부모의 선택에 따라서 가는 게 아니라, 내 뜻대로 하는 게 굉장히 중요하다. 청년들이 힘들지만 스스로 선택하는 의식이 조금씩 퍼지고 있어서 오히려 잘된 측면도 있다.

대학이 인간 영적 진화를 오히려 떨어뜨리고 있다. 대학에서 옛날 지식을 그대로 가르치면서 강요하는 게 많고, 사회에 진출해서 써먹을 수 있는 게 없다. 차라리 현재 아이들이 아무것도 모르는 상태에서 사회에 나오는 게 낫다. 필요한 지식은 그냥 현장에서 터득할 수 있다. 요즘 인터넷이 발달해서 어떤 교육이든 받을 수 있고 어디서든 배울 수 있어서 필요한 곳에서 바로 적용할 수 있다. 그게 지금 사회의 장점이다. 굳이 대학에 보낼 필요도 없다. 왜냐면 스스로 선택해서 할 수 있는 자유를 주면 그만큼 알아서 찾고 공부한다. 정보력은 요즘 애들을 따라갈 수가 없다. 나이 상관없이 초등학교 때부터 자기가 하고 싶은 걸 하면 세상은 바뀐다.

교육이라는 획일화된 틀 안에서 성장한 사람은 아무런 도움 없이 혼자 스스로 성장한 사람을 절대 이길 수 없다. 스스로 성장한 사람은 수많은 문제를 겪고 모든 에너지와 역량을 발휘해서 해결방법을 찾는다. 그러면서 이즈비의 기억이 되찾아진다. 이즈비의 기억이 곧 잠재된 능력이다. 해결방법을 모색하면서 저절로 개발되는 것이다. 그러니 고난과 역경이 오면 나를 성장시켜주는 선생님으로 알고 피하지 말아라.

03 | 영적인 사람들의 역할

영적인 사람들은 역할에 따라 다른 특징이 나타난다. 스타시드는 제일 먼저 세상에 출현한다. 그다음에 인디고, 크리스탈, 레인보우 순으로 나타난다. 스타시드는 40대, 50대에 있다. 스타시드는 영매이고 리딩과 텔레파시가 가능하다. 인디고는 조직이나 물질이나 에너지나 모든 걸 체계화시키기 때문에 머리가 좋을 수밖에 없다. 크리스탈의 역할은 빛을 방사해서 세상을 정화하는 거다. 크리스탈은 머리가 반짝반짝하고 레인보우의 특징은 회전이다. 에너지를 회전시키면서 정화를 한다. 그래서 레인보우와 함께 있으면 시간이 빨리 가는 것을 감각으로 알 수도 있다.

영적인 사람들은 현실을 바꾸기 위해서 태어난 사람들인데, 지금 현재는 인디고가 제일 많다. 레인보우는 일곱 개 파장을 몸에서 퍼뜨려서 사람을 정화한다. 크리스탈은 빛이어서 빛이 그냥 발산된다. 에테르 빛인데 일반인들도 같이 있으면 그냥 그 빛을 흡수한다. 이 에너지를 흡수하면서 변화가 일어나는 것이다. 인디고 아이들은 머리와 영성이 발달해서 부모들이 아주 힘들다. 머리가 발달해서 현실에 적응이 잘 안 되고 사회적인 틀이 전혀 이해가 안 된다. 그래서 내면으로 들어가 갇혀 있는 경우가 많다. 인디고들을 사회에 나오게 하려는 계획이 거의 실패했다. 인디고가 가장 많이 실패했다. 그나마 크리스탈은 자기들이 맡은 작업을 많이 하고 있다.

인디고가 태어난 시기에 한국의 상황이 가장 안 좋기도 했고, 그때가 어린 시절이다 보니까 상처를 받으면 내면으로 숨어버리는 경향이 있어서, 정신적인 문제가 생기면서 마음이 고립되었다. 이런 걸 치유해줄 수 있는 게 천사들이다. 최소 3품 이상은 되어야 이 작업을 할 수 있다. 마음으로 치유를 하는 거니까 에너지적으로도 그렇고, 마음을 쓰는 것 외에는 다른 방법은 없다.

인디고, 크리스탈, 스타시드는 에너지적인 작업과 동시에 현실적인 부분도 같이 작업하기 때문에 앞으로 힐러나 양자역학 분야의 뛰어난 기술자들은 이들이 대부분일 것이다.

레인보우는 지구가 처음이라서 적응하기가 어렵다. 그래도 일곱 개의 파장이니까 무지개의 원래 에너지가 발산되면 많은 영향을 미친다. 스스로 지구에 적응을 잘 하는 수밖에 달리 방법이 없다.

레인보우의 또 다른 역할은 지구에 들어오는 새로운 에너지를 현실적인 에너지로 바꾸는 것이다. 레인보우가 그라운딩이 되면 숲에 새로운 에너지를 주어서 생태계를 변화시킨다. 레인보우에게 들어온 에너지가 발밑을 통해 흙 속으로 들어가서 영향을 미친다.

인디고 아이들 중에는 에너지 작업을 해서 선생님을 변화시키는 아이들도 있다. 대개 엘리트 집안에 크리스탈 아이들이 많은데, 집에 있는 검은 기운을 정화하는 에너지 작업을 하고 있다. 힐러는 사람을 치유하면서 동시에 그 사람을 통해 세상을 치유하는 것이다. 한 사람이 치유되면서 사회에 작용하는 집단 무의식의 검은 기운이 소멸되는 경우도 있다. 집단 무의식은 사람마다 조금씩은 가지고 있기 때문이다.

역할을 맡고 태어났다고 해서 다 자기 역할을 제대로 하는 건 아니다. 역할을 갖고 태어나도 인간이기 때문에 욕망과 야망으로부터 자유로운 건 아니어서 사고를 친다. 이런 사람들의 30%가 방해꾼과 배신자가 된다. 조선 시대의 경우 친일파로 보면 된다. 친일파는 일본에 붙으면 잘 먹고 잘살겠다는 걸 감지하고 그쪽으로 붙은 거다. 나름대로 기감이 뛰어나니까 흐름을 보고 예측을 한 것이다. 지구지배자들이 인간 욕망을 아주 절묘하게 이용한다. 그리고 사람 약점을 너무 잘 알고 있어서 그걸 이용한다.

지구의 역사만큼이나 극적인 역사를 가진 행성은 없다. 17, 18세기의 세계는 대변화의 시기였고 그때 조선도 중흥기였는데 지금까지 이어지지 못하고 끝나버렸다. 꾸준히 하는 사람들이 있어서 면면히 이어져 나가야 하는데 영혼들 대부분이 지구에서 한 번 일하고 나면 고향 행성으로 돌아가기 때문에 연결이 끊어지고 진척이 없다. 지구가 너무 힘들어서 다들 한 번 일하고 나면 두 번은 하고 싶지 않다고 한다.

3세대 영적 아이들의 부모인 30, 40대가 바뀌어야 한다. 이 사람들이 바뀌면 세상이 빨리 변한다. 이런 사람들이 세상을 이끌어가는 거다. 정치인이나 사회 지도층이라는 사람들이 끌고 가는 건 아니다.

세상을 이롭게 하는 제품, 시스템, 아이디어, 인프라적인 것들이 상용화되어서 세상을 조정하기 시작하면 변화의 속도가 지금보다 세 배는 더 빨라진다. 그런 상황에 대비해야 한다. 법적으로 많은 제약이 있긴 하지만 법의 테두리 안에서 할 수 있는 것들을 묶어서 연결하는 작업이 필요하다. 어차피 일반인들이 할 수 있는 건 제한적이기 때문에 그렇게 연결하면 완전히 새로운 게 만들어질 수 있다. 자영업자와 소상공인 여러 명이 모이면 완전히 새로운 게 나타날 수 있고 새로운 구조를 만들 수 있다. 이런 새로운 구조가 사회를 바꾼다. 사회의 새로운 구조화다. 에너지적으로도 구조화가 된다.

체험이 사람을 바꾼다. 체험 없는 명상은 백날 해봤자 소용없다. 영성 책을 읽어봤자 체험이 없으면 인지가 안 되기 때문에 앞으로 나아갈 수 없다. 세상의 변화를 사람들이 체험하기 시작하면 어떻게 바뀔 것 같은가. 사람들이 인식하기 시작하면서 완전히 바뀐다. 그런 작업을 하려고 스타시드를 보내는 거다.

물질로 세상을 바꾸는 것도 있고 에너지적으로 세상을 바꾸는 것도 있는데 쌍방향이고 똑같다. 건물을 세워서 에너지를 바꾸는 방법이나 에너지를 바꿔서 건물을 세우는 방법이나 같은 것이다. 어느 것이 먼저

이든 상관없다. 둘 다 바뀌는 건 똑같다. 자기가 할 수 있는 영역에서 하면 된다. 지금 태어나고 있는 고차원의 아이들이 현재는 에너지적으로 작업을 하지만 성장해서는 물질로 세상을 완전히 바꾸는 작업을 하게 된다. 워낙 뛰어난 아이들이 많이 태어나서 기대가 된다.

집에서 가구 배치만 바꿔도 에너지가 바뀌니까 뭔가 새로운 것을 원할 때는 가구 배치라도 다시 해라. 뭔가 변화가 필요할 때는 활동하는 동선을 바꿔라. 안 가본 곳을 가라. 동선에 따라서 에너지가 확 바뀐다. 에너지적인 변화가 현실에 변화를 준다. 사소하지만 사소한 것이 변화를 줄 수 있다.

04 | 레무리안 시드

레무리안 시드*는 레무리아**인들이 다음 세대의 차원 상승과 영적 진화를 도와주기 위해 남기고 간 선물이다. 144,000인은 지구에 태어난 레무리아인 이고 이 중의 80%가 한반도에 있다.

레무리안 시드는 서로 동조를 한다. 차원상승, 힐링, 위빠사나 명상을 하게끔 도와준다. 레무리안 시드는 씨앗으로 하나의 씨앗에 하나의 영이 있고 이 영이 주인을 선택한다. 처음에는 에너지 덩어리였다가 시드가 이끄는 대로 잘 따르면 아이로 성장해서 시드에 들어갔다 나왔다 한다.

- * 레무리안 시드_ 레무리아 시대의 수정을 말한다. 각각 독특한 에너지를 갖고 있으며 레무리아 시대의 정보를 담고 있다고 한다(편집자 주).
- ** 레무리아_ 아틀란티스 문명과 더불어 존재했었다고 추정되는 문명의 하나(편집자 주).

차원 상승 작업은 시드에 의해서 진행이 된다. 지금 진동수를 굉장히 빠른 속도로 올리고 있다. 심장 가까이 레무리안 시드를 놓고 검지손가락을 엄지손가락 첫 번째 마디에 놓는다. 나머지 세 손가락은 조금 벌린다. 이 상태에서 들숨과 날숨을 천천히 세 번 한다. 엄지와 검지로 만들어진 구멍 하고 시드하고 통로를 만드는 거다.

호흡은 천천히 편안하게 한다. 호흡을 천천히 해야 단전에 에너지가 들어가면서 깊어진다. 단전에 들어간 에너지가 척추를 타고 올라간다. 천천히 하단전 쪽으로 손을 포개고 거기에다가 시드를 놓는다. 양 팔꿈치를 약간 벌린다. 에너지가 손 안으로 가득 찬다. 몸통과 시드가 하나가 되게끔 내 몸이 에너지 통이라고 생각하면 된다.

사랑과 기쁨이 내 몸에 충만해야 다른 사람에게 전파가 될 수 있다. 모든 건 나로부터 시작한다. 내가 행복하지 않으면 절대로 다른 사람을 행복하게 할 수도 없고 도와줄 수도 없다. 그래서 모든 정화와 치유는 나로부터 시작하여야 한다. 나를 치유하고 정화하는 것이 다른 사람에게 도움을 주는 것이다. 핑크 레무리안 시드는 사랑 에너지를 전파하고, 화이트 레무리안 시드는 에너지를 깨끗하게 정화하는 것이 강하고, 스모키 레무리안 시드는 문을 여는데 주로 게이트 역할을 한다. 스모키 레무리안 시드를 가지고 있으면 이동수가 많다. 시드는 물에만 씻어도 깨끗해진다. 이 시드들이 어두운 에너지 격자망을 없애고 빛의 격자망을 만든다. 인체에도 다 매트릭스, 격자망이 깔려있다.

3부

지구와 인간에 대한 새로운 이야기

인간의 신비한 성, 여성의 마음

여성의 마음은 자궁 안에서 한 10cm 정도 더 들어간 곳에 자리 잡고 있다. 여자로서 상처를 많이 받으면 이 마음이 상처받는데, 그 에너지로 자궁이나 난소가 안 좋아지는 것이다. 특히 가족이나 연인처럼 가장 친밀한 정감을 느끼는 사람들과의 관계가 안 좋으면 여기가 나빠질 수밖에 없다. 그래서 이곳의 상처를 회복하는 것이 먼저 할 일이다. 특히 한국여성들은 워낙 상처가 많으니까 자궁이 제대로 안착이 안 되고 삐뚤어져 있다. 좋지 않은 것들을 피하느라고 스스로 꾸겨진 것이다.

1장

외계종족, 그들의 지구지배 방식

01 | 약탈자, 외계종족 이즈비

알래스카에서부터 캐나다, 샌프란시스코, 멕시코, 페루까지는 지금처럼 곡선이 아닌 직선이었다. 여기는 원래 자연적으로 돌이 많은 지형이어서 그냥 지구의 구조를 유지하기 위해서 변화가 없게 직선으로 만들어졌다. 그런데 지구가 한 번 뒤집혀 져서 곡선으로 울퉁불퉁하게 되었다. 마추픽추를 세운 건 외계종족이고 자기네들 영역권을 표시하기 위해서 그런 거대 건축물을 지었다. 여기 지배자는 자기들이라는 의미다.

  고대 이전에 있었던 지구상의 전쟁은 외계종족에 의한 자원쟁탈전이라고 보면 된다. 외계종족이 지구에 오자마자 자기들에게는 필요 없는 자연을 레이저로 다 없애고 자기 종족의 영역을 표시했다. 그리고 광물을 엄청 캤다. 외계종족의 특징은 스스로 창조하지 않고 남의 것을 빼앗아서 변형시키는 것이다. 창조하려면 그만큼 시간과 노력이 많이 들어가니까 간편하게 약탈하는 것이다. 광물을 변형시키는 장치들이 많이 남아 있는데, 미스터리에 나오는 유적들이 그런 장치들이다. 이런 기술은 하위레벨 이즈비의 기술이다. 기존 이즈비의 세계에 불만이 많은 하위레벨의 이즈비가 여기저기 떠돌다가 지구에 와서 지배하고 있는 것이다. 우주의 다른 이즈비로부터 인정을 못 받아서 그렇다.

어떤 일이 일어났을 때 누가 이익을 가져 가는지 우선순위를 따져보면 배후에 무엇이 있는지 답이 나온다. 거대 자본가들은 그런 편법, 술수에 능수능란하다. 평생 그런 것만 해온 이즈비들이다. 이런 놈들이 타겟을 정하고 죽이려 하면 당할 수밖에 없다. 사람 심리를 너무 잘 알기 때문에 어떻게 하면 이용할 수 있는지를 너무 잘 안다. 일반인들의 상상을 초월할 정도다. 상식적으로 생각하면 안 된다. 무조건 내가 1원도 손해 안 보고 1원이라도 내가 이익을 차지하고 남들은 1원도 이익이 생기면 안 된다는 게 그들의 심리이다.

바이러스 개발과 켐트레일

총 6개의 대륙에 바이러스를 개발하는 연구소가 있다. 이들 연구소에서 개발된 바이러스는 켐트레일*로 동시다발적으로 퍼진다. 처음 발생 지역 및 병명도 지구지배 이즈비들이 정한다.

- **켐트레일**(Chemtrail)_ 항공기가 화학물질 등을 공중에서 살포하여 생긴다는, 콘트레일(비행운)을 닮은 구름이다. chemical trail의 약자이다. 켐트레일은 2004년 에이미 워딩턴에 의해 처음 사용된 말로, 그가 저작한 문헌에 따르면 켐트레일은 어떠한 비밀 프로젝트에 관련되어 비행기에서 살포한 미립자 상태의 물질이며, 석면, 바륨염, 알루미늄, 방서성 토륨 등의 독성금속을 포함한다고 한다.

바벨탑

바벨탑을 만든 목적은 지구가 순환되지 않도록 다 막아버리는 것이었다. 그래서 영적 존재들이 순환시키려고 바벨탑을 무너뜨렸다. 지구가 자급자족이 되는 행성이란 걸 알게 된 외계종족이 그들의 기계, 전자문명으로 지구를 지배하기 위해서 자급자족의 원리인 순환을 단절시켜 버린 것이다.

외계인의 외모

문_일본에도 외계인이 왔고 한반도에도 외계인이 온 거죠? 그런데 지구에 오는 외계인들은 왜 외모가 비슷하죠?

답_외계인들의 외모가 비슷해 보이는 건 위장을 해서 그렇다. 지구에 많이 있는 랩틸리언 같은 경우는 파충류 외계인인데 위장하고 있다. 증거자료는 아주 많다. 인간의 몸은 탄소, 질소, 규소 세 가지 주성분이 필요하다. 그런데 지구환경에 완전히 적응할 수 없는 외계인도 있다. 그런 경우 인간의 몸이 아닌 영혼으로만 온다. 눈에 보이지 않을 뿐이지 엄청 많다. 몸의 형태를 자유롭게 변형할 수 있는 외계인도 있다. 인간의 눈에는 보이지 않는 영역이다. 랩틸리언은 미국에 특히 많이 산다.

02 | 마인드컨트롤과 4차 산업혁명

사실상 인간실험, 우리가 알지 못하는 생체실험으로 구축된 산업이 있다. 생체실험이 마인드컨트롤 이라는 건데, 이전 명칭은 'mk울트라프로젝트'로 해외에는 많이 알려져 있다. 일본만 해도 대중들이 마인드컨트롤을 알고 있는데 우리나라는 최면과 세뇌가 너무 심해서 대부분 모르고 있다.

전직 미국 정보부 NSA 요원 에드워드 스노든이 폭로했듯이 모든 사람이 다 감시받고 있다. 그리고 마인드컨트롤 시스템에 의해서 지금의 사회는 돌아가고 있다. 개인의 정보가 미국의 슈퍼컴에 다 저장되고 마인드컨트롤 기기가 전파를 쏘고 뇌파 조종을 한다. 특정인을 조정하는 게 있고, 일반인을 조정하는 프로그램이 따로 있다. 이 시스템은 AI로 돌아간다.

4차 산업혁명이 뭐냐면 사람이 AI에 의해 지배받는 걸 의미한다. 그러면 자연과 영혼은 필요가 없게 된다. 그래서 지금 지구가 심각한 위기 상황이다. 원래 다른 우주에서 지구에 개입하지 못하게 되어 있는데 이런 위기 상황까지 와서 개입하게 되었다. AI에 지배를 받으면 내가 내 몸을 자유롭게 할 수도 없는 상태가 된다. 일단 직업이 없어진다.

지금, 지구지배 이즈비는 자연을 완전히 없애려고 혈안이 되어 있다. 4차 산업혁명은 자연을 완전히 없애기 위한 것이다. 인공지능이 지구를 지배하면 자연이 있을 필요가 없게 된다. 자동화 시스템 자체가 AI가 지배하는 세상을 만들기 위한 시스템이다. 전자 문명으로 아주 기초적인 베이스를 깔아놓는 거다. 사실 전자 문명은 이즈비 세상에서는 필요 없다. 자연이 있어서 고대에는 전기가 필요가 없었다. 왜냐면 구조역학의 원리로 모든 물질과 물건이 만들어지고 상황이 돌아가기 때문에 굳이 전기가 필요 없다.

사회시스템이나 제도가 인간에게 유익한 게 거의 없고 오히려 인간을 제한하고 제약하고 있다. 가만두면 자기 스스로 알아서 할 수 있는 것들을 다 간섭한다. 그래서 다른 세계나 우주에서 지구에 개입하게 된 것이다. 인간이 스스로 할 수 있는 일이 없어져 버렸다. 학생들의 경우 입시교육으로 인해서 결정권이 없고 부모에 의해서 미래가 결정된다. 인간의 삶이 의미가 없어지고 있다.

자살하는 이유는 정말 다양한데 존재의 상실감이 가장 큰 이유다. '내가 세상에 필요가 없구나'라고 생각이 들면 더는 살 이유가 없어진다. 영혼이 힘들게 지구에 육체로 들어왔는데 이런 일이 발생하는 건 심각한 상황이다.

지금의 이런 마인드컨트롤 시스템을 바꾸려면 일단은 제대로 된 기업을 만들어야 한다. 그러면 억압으로 인해 생겨난 분노가 풀리면서 무한한 잠재력이 솟아나서 엄청난 걸 창조할 수 있다. 세상을 바꿀 수 있는 힘은 잠재력에서 나온다. 인간이 가진 잠재력의 1%만 써도 세상을 바꿀 수 있다. 지금 지구인들은 지구에 대해서 아는 게 거의 없다. 그래서 새로운 사업과 새로운 일자리와 발명될 것들이 어마어마하다.

대륙과 빙하와 바다에 대해 1%도 모른다. 이 중의 하나라도 조금만 알면 새로운 일자리와 새로운 제품이 엄청나게 많이 쏟아져 나온다. 지금의 최첨단 기술이라는 게 우리가 볼 때는 장난감 수준이다.

최소 다섯 명이 모이면, 이 다섯 명의 잠재력으로 억압 없는 자유로운 토론을 통해 새로운 산업 두 개를 만들 수 있다. 생각과 마음만 열려 있으면 된다. 억압이 없이 모든 것에 열려 있으면 된다. 모든 가능성을 열어둬라. 결론이 안 나도 된다. 떠들기만 해라. 마음 놓고 하고 싶은 거 다 할 수 있는 시간이 평생 얼마나 되냐. 억압 없이 말과 행동을 자유롭게 하다 보면 무언가 터져 나온다.

03 이분법적인 사고

이분법적인 사고방식으로 분리가 일어나면 연결된다는 생각과 확장할 수 있다는 생각 자체가 일어나지 않는다. 인간의 마음은 개인 이즈비의 특성에 따라서 메커니즘이 다 다르다. 지구지배 이즈비가 생각을 이분법이라는 틀 안에 가두어서 인간이 자기 자신의 진짜 마음을 알 수 없도록 만들었다. 그래서 심리학에서 말하는 마음은 다 페르소나로 보면 된다. 페르소나는 외부환경에 의해서 만들어진 것이기 때문에 나의 진짜 모습이 아니다. 외부환경이 습관을 만들고 습관이 반복적인 패턴이 된다.

   이즈비는 반복하는 걸 별로 좋아하지 않는다. 매번 새로운 시도를 하는 게 이즈비의 특성이다. 이런 점부터 일단 다르다. 이즈비는 반복과 똑같은 것에는 지루함을 느낀다.

   원초적인 지구에 검은색이 그냥 덮여 씌워졌다고 생각하면 된다. 사람들 안에 검은 마음이 끼어 있다고 보면 된다. 이걸 완전히 없애기 위해서는 많은 빛이 필요하다. 충분히 가능한 일이다. 부정적이라거나 긍정적이라는 게 사실은 없고 개인의 특성일 뿐인데, 이걸 그냥 긍정과 부정으로 나누어서 요것만 잘되게 이것만 하라는 식으로 가르친다.

이렇게 한쪽으로 쏠리고 균형을 잃어버리면 스스로 자립하고 문제를 해결하는 힘을 잃어버리게 된다. 그러면 사람이 의존적이 되고 자꾸 스스로 구속되어 버린다. 이런 구조에서는 노예로 살 수밖에 없다. 그래서 가장 먼저 하는 일이 이런 이분법적인 틀을 깨는 것이다.

일단, 기본적으로 에테르의 빛이 들어가서 사람마다 가지고 있는 틀을 깬다. 사람의 마음 안에 들어가서 틀을 깨면 지역적으로 존재하는 보이지 않는 틀이 깨질 수 있다. 그러니까 빛의 도미노 현상이 일어나는 것이다.

그래서 야외에서 하는 공연 같은 것이 사람들에게 퍼지는 속도가 빨라서 굉장히 영향력이 크다. 사람은 누구나 빛이 있고 빛은 퍼지니까 그렇다.

새로운 에너지가 무지갯빛처럼 들어오는데 처음에는 이 에너지가 몸을 좀 힘들게 한다. 왜냐면 기존에 있는 에너지와는 달라서 몸이 저항하기 때문이다. 저항하는 세포들과 새로운 에너지로 가려는 세포들과의 전쟁이 일어나기 때문에 몸이 힘들다. 새롭게 가려는 세포들이 이기면 기존의 세포들은 다 죽어서 배출된다. 그 배출이 빠를수록 좋기 때문에, 그때 과일이나 야채가 많이 당긴다.

특히 육류가 저항을 강하게 하는데 육류에는 관념과 체가 좀 많이 있어서 어쩔 수 없다. 그래도 동물성 단백질이 필요한 사람은 먹어야 하니까 많이는 먹지 말고 동물의 감정이 가장 많이 들어 있는 내장은 되도록 먹지 마라. 그런데 감정을 쓰는 직업 연기자 같은 경우는 먹는 게 필요하기도 하다. 연기자들은 감정을 연구하니까 도움이 된다. 비슷한 감정끼리 만나면 감정을 증폭하기 때문에 그렇다.

04 땅 기운과 사막화

땅 기운(지기)을 돌리는 세 가지가 있는데 첫 번째가 공기다. 공기가 흙 위에서 아래로 들어가면서 작용한다. 두 번째가 물이다. 물이 흐르면서 작용한다. 세 번째가 미생물이다. 미생물이 땅에서 생활하면서 에너지를 바꾸는 역할을 한다.

이 세 가지가 지기를 순환시키고 지기의 상태를 결정하는 중요한 요소다. 이 세 가지의 작용으로 흙이 바뀐다. 이 세 가지가 좋은 곳이 지기가 좋은 곳이라고 보면 된다. 땅의 기운이 좋은 곳은 그 기운으로 공간 에너지도 다 돌아간다. 그 지역의 공기까지 순환이 아주 잘 되는데 그런 장소 가운데 한 곳이 용문산이다.

인간이 쓰는 물건 중에 하이힐 같은 구두가 땅속으로 들어가는 공기를 차단한다. 이게 땅을 단단하게 해서 공간을 없앤다. 하이힐을 그런 의도로 만들었다.

짚신이나 고무신은 이런 순환의 원리를 알고 흙의 공간이 없어지는 걸 최소화하기 위해서 만든 것이다. 이런 것들이 땅이 굳어지는 현상을 막는다. 점토나 갯벌은 좋은데 땅이 단단하게 굳어서 흙 속의 공간이 없어지는 게 가장 안 좋다. 그래서 매립지 같은 경우 산성화가 아주 심하다. 매립지는 그냥 죽은 땅이라고 보면 된다. 길을 아스팔트로 다 덮어버렸기 때문에 땅이 다 죽어가고 있다.

숲길과 산을 자주 가는 것이 인체에도 좋고 그 방법밖에는 없다. 땅의 산성화가 극대화되면 모래가 되는데, 사막에서 다시 좋은 흙으로 돌아오는 데 최소 500년이 걸린다. 지금 있는 사막들은 다 인공적으로 만든 거다.

일만 년 전과 삼만 년 전 사이에 핵으로 사막을 만드는 일이 시작됐다. 그때 아프리카는 나무가 아주 복잡하게 얽혀 있었고 물이 정말 많아서 여기서 순환이 많이 일어났다. 사실 아프리카 대륙은 동식물 창조의 경연장이기도 했다.

지구지배 이즈비가 지금은 햄버거에 들어가는 패티를 만들려고 아마존 지역을 사막화하는 작업을 하고 있다. 소를 키우기 위해서 아마존 열대우림의 나무를 죄다 베어내는 작업이 지구를 사막처럼 황폐하게 만들고 있다.

아프리카 사람들*이 계속 애를 많이 낳고 있다. 이런 이상한 현상은 나쁜 쪽으로 어느 정도 프로그램이 들어간 거다. 어떻게 한 사람이 40명씩

• 영적 존재들의 강의는 형식이 없이 자유로웠다. 이 내용도 앞에서 아프리카 대륙이 잠깐 언급되자 이어서 나온 내용이다.

애를 낳을 수가 있을까. 평생을 애만 낳는데, 자기 삶이 없는 애 낳는 기계인데 어떤 여자가 그렇게 살기를 원할까. 그리고 지금까지도 그런 문화가 바뀌지 않고 있다.

인간이 자유롭게 생각하고 창조하는 존재라면 어떻게 이런 일이 일어날 수 있을까. 피임도 전혀 하지 않고 말이다. 뭔가 이상하고 상식적으로 이해가 안 가는 것들은 뭔가 프로그램이 들어갔다고 보면 된다. 그런 것들이 너무 많다. 살인의 경우도 이해 안 되는 상황이 너무 많지 않은가. 뭔가 들어간 거다.

기본적으로 인간은 자유롭게 선택하고 결정할 수 있는 창조의 능력이 있는 존재라는 것을 기준으로 보면 이해 안 되는 이상한 일들이 많다. 이상한 것들은 그런 기준으로 보라. 이상한 것들은 죄다 뭔가 들어간 것이라고 보면 된다.

05 │ 인자, 인체 창조의 바탕을 조작하다

인체를 창조할 때 가장 기초적인 것으로 인자라는 게 있다. 인자는 DNA 이전의 것이다. 지구지배 이즈비가 인간을 세뇌하고 뇌파를 쉽게 조종하기 위해서 인자에서부터 조작이 들어갔다. 이걸 자르는 작업을 해야 한다. 원리가 어떻게 되냐면 DNA는 뇌파랑 아주 관련이 많다. 뇌파를 쉽게 조정할 수 있는 게 전자파다. 뇌파의 송수신을 전자파가 굉장히 방해하면서 뇌의 신호체계를 교란한다. 이 방해로 뇌의 신경체계가 망가지면 몸의 기능들이 한순간에 다 멈춰버린다. 이런 이유로 게임

하다가 갑자기 죽는 경우가 발생한다.

　모든 물질은 파동, 파장, 입자로 되어있고 인자에 프로그램된 코드로 DNA가 만들어지는 구조이기 때문에 뇌파가 교란되면 DNA가 망가지는 것이다. DNA가 정상인 사람이 50% 정도밖에 안 된다. 자폐아 같은 경우는 DNA를 복원해줘야 한다.

　지구 구조 자체가 아주 복잡하다. 뉴스에서 과장되게 보도하는 건 다 조작이라고 보면 된다. 지구지배 이즈비에 의한 조작이다. 그렇게 사람들의 무의식을 세뇌한다. 사람들이 주체성과 자기중심이 강해지고 진실을 조금씩 알게 되면 그런 영향을 받지 않게 되고 세뇌가 덜 된다. 그래서 아직 지구에 가능성이 있는 것이다.

　사람이 지구지배 이즈비의 계획대로 100% 조정되지는 않는다. 영향을 받지 않는 사람이 많아진다는 의미다. 인간 자체가 변수이기 때문에 그런 일이 일어난다. 지구지배 이즈비도 많은 준비를 하지만 100% 인간을 통제하고 있는 건 아니다. 인간을 완전히 모르기 때문에 그렇다.

　마음을 주제로 얘기하면 몇 시간은 걸린다. 마음에도 많은 과학적인 원리가 들어있다. 마음은 복잡하게 얽히고설켜 있는 것이어서 예측이 불가능하다. 사람이 선택하고 결정하는 메커니즘이 개인마다 다 다르다. 마음이 작용하는 메커니즘이 사람마다 다른 것이다. 그래서 한 가지 방법을 제시하고 그대로 하면 누구나 성공한다는 식의 자기계발서에 문제가 많은 것이다. 사고방식이 다 다르듯이 그렇게 마음이 다르다고 보면 된다.

자기 마음의 작용 기제를 잘 아는 사람은 뛰어난 수완을 발휘할 수도 있고 교육자가 되어서 사람이 완전히 변하게 만들 수도 있다. 어떻게 현실에 사용하는가에 따라서 영향력이 다른 것이다. 그래서 우리가 기대하는 건, 그러한 마음의 작용을 알려줘서, 인간이 자기 마음을 이해하고 발전시켜서 관계에서 창조성을 발휘하는 사람이 나오지 않을까 하는 것이다. 그래서 지구인들이 안고 있는 많은 난제를 풀어내지 않을까 하는 기대를 하고 있다.

06 | 살인, 자살은 인간의 영역이 아니다

문_죽음의 여러 행태 중에서 살인으로 인한 죽음은 어떻게 이해해야 하나요?
답_살인 같은 경우 굉장히 복잡하다. 살인은 마인드컨트롤에 의해서 일어나는 게 대부분이다. 지구지배 이즈비가 만든 시스템이 뇌파를 조정해서 살인, 자살, 의료사고를 일으킨다. 최근 자주 발생하는 '묻지 마 폭행'이 그런 예이다. 인간은 사고나 병으로 죽는 게 대부분 맞다.

영혼은 살인을 저지를 수 없다. 나와 동등한 존재를 어떻게 죽일 수 있을까. 영혼이 육체를 떠나야 할 때가 되었다면 심장마비로 죽는 게 가장 맞다. 심장마비로 몸을 떠나고 유체이탈해서 돌아오지 않으면 된다. 그게 맞다. 살인 같은 잔인한 일은 지구를 지배하는 사이코 이즈비가 인간도 자기네랑 똑같이 만들려고 하는 일이다.

유명인의 자살 이후 여러 사람이 자살했는데 OOO 경우는 왜곡이 많

있고 어떤 오류로 인해서 스스로 벗어나지 못했다. 그 오류가 가족에게도 죄다 걸려 있다. 하나의 오류가 여러 사람에게 걸쳐있다. 그런 거는 영혼이 하는 게 아니다. 그렇게 개념을 잡으면 된다.

　자살은 인간의 영역이 아니다. 신 중에서도, 고도의 전문성을 갖춘, 그 분야의 높으신 분이 관여해야 해결된다. 치명적 오류로 발생한 사건이기 때문에 인간이 할 수 있는 영역이 아니다. 천도도 소용없다. 그래서 가까운 사람이 자살한 사건에 얽매이지 말고 내 삶을 사는 것이 중요하다. 힘든 일이지만 그게 가장 중요하다.

　한 사람 한 사람을 개별 시스템으로 보면 된다. 내 삶을 사는 게 가장 중요하지, 다른 사람을 내가 어떻게 해보려고 하는 건 불가능하다. 그러면 그 사람의 꼬여 있는 인생에 말려들어서 나도 꼬이게 된다.

　돈을 주는 게 가장 안 좋은 방법이다. 그 사람을 망치게 된다. 그 사람이 스스로 돈을 벌어서 자립할 수 있게 격려하거나 차라리 사업을 해서 일자리를 창출해라. 장애인이나 자폐아도 돈을 벌어서 자립할 수 있게 해라. 일하고 돈을 벌어야 힘이 생기는 거니까 이런 물질세계에서 살려면 일이 곧 힘이다. 만물은 스스로 창조하는 속성이 있으므로 일하면서 스스로 공부해서 성장하는 것이 힘이다. 그건 어디 새어나가는 힘이 아니다. 굶는 아이들 같은 경우는 사회시스템에서 해결해야 한다. 개개인이 관여할 바가 아니다. 개개인이 관여했다가 엄청나게 뒤통수 맞는 일이 생긴다.

　아이가 숲에 버려지면 동물들이 키우는 것이 아니라 숲의 시스템에 의해서 자라는 것이다. 그냥 내버려 둬야지 그걸 인간세계로 데려와서 가르치려고 하니까 일찍 죽게 된다. 생태계, 숲은 그런 기능이 있다. 시스템이기 때문에 어떻게든 살아간다.

07 세포를 회복시키는 단계

지구지배 이즈비의 목적 자체가 인간의 의식이 깨어나는 걸 방해하는 것이다. 그들에겐 인간의 의식이 깨어나면 안 되는 것이다. GMO 같은 것으로 인체 내의 DNA를 변형시켜서 유전자 질병인 희귀병을 발생시키는 것도 그런 목적이다. 희귀병은 DNA를 복원시키지 않으면 제대로 고칠 수 없다. 지금 DNA 복원이나 세포를 재생하는 영양제들이 나오기는 하는데 그것만으로는 완전히 복원하기 힘들다.

세포가 정렬되어야 정상인데 음식이나 전자파 같은 것으로 이 대열을 흐트러 놓는다. 세포가 일자로 정렬이 되어있으면 방어막이 생기지만, 배열이 흐트러지면 방어막이 깨져서 세균이나 바이러스가 이 틈으로 들어온다. 그래서 먼저 운동으로 뼈를 반듯하게 해야 하는데, 이건 밖에서 정렬시키는 방법이다. 밖에서부터 피부에서 뼈로 들어가면서 이제 세포로 들어가서 방어막이 생긴다. 그래서 몸에 축적된 노폐물이 최대한 빠지고, 정상 운영되면서 자가 치유가 시작된다. 이게 세포를 회복시키는 단계다. 이러면 희귀병이나 암 같은 것도 거의 완치가 된다.

2장

지구와 별과 인간

01 | 행성의 종류

행성은 크게 네 가지 종류로 나누어진다. 첫 번째는 물질 행성, 두 번째는 빛으로 된 행성, 세 번째는 의식으로 된 행성, 네 번째는 반유동체로 액체와 젤리의 중간 형태의 행성이다. 반유동체는 느낌 같은 건 다 있는데 물질은 아니다. 지구는 물질 행성이고 석가모니 부처님의 고향이 의식 행성이다.

지구는 밀도가 가장 높은 행성 중 하나다. 그래서 영혼이 오면 힘들어한다. 밀도가 높아서 이 에너지를 몸에서 제대로 받을 수 있는 사람이 별로 없다. 지구에 있는 모든 영혼이 지구가 아닌 다른 곳에서 온 영혼이어서 그렇다. 이런 상황에 적응하려면 먼저 영혼이 육체에 제대로 안착해야 하고 그리고 몸이 지구에 적응해야 한다. 이렇게 되어야 지구 에너지를 몸으로 받아서 쓰는 그라운딩이 제대로 된다.

인간이 살아가기 위해서는 돈이 필요한데 돈은 완전한 물질이고 지구는 물질하고 의식하고 빛이 조금씩은 섞여 있어서 완전한 물질이라고는 볼 수 없다. 완전한 물질에서 나온 사람은 영혼이 없는, 빛과 의식이 없는 사람인데 그런 종류는 인간으로 취급하지 마라.

지구에는 자연이 있고 자연에는 자연령이 있다. 생명을 잘 자라게 해주는 자연령도 있다. 생명이란 것 자체가 완전한 물질은 아니니까 그래서 물질에 빛과 의식이 들어가 있는 곳이 지구이다.

02 | 별, 지구와 인간을 운영하는 체계

지표면, 하늘, 별, 별자리, 태양, 달은 기본적으로 지구를 운영하는 체계이다. 별은 시간, 기후를 조정한다. 가장 센 별이 북극성이고 이 에너지가 직접 들어오는 곳이 지리산 칠선계곡이다. 북극성이 지구를 돌리는 중심이라고 보면 된다. 지금 지구의 별자리들이 바뀌고 있고 새로운 별들이 태어나고 있다.

원래 인간이 별을 운영한다. 별의 개수와 각자 운영할 수 있는 별자리의 개수가 태어날 때 정해진다. 생년월일과 부모를 영혼이 결정하는데 이게 기본적인 인생 설계이다. 그래서 사주나 이런 것들이 전체적인 맥락은 맞아들어간다. 사주가 잘 안 맞는 사람은 점성학이 더 잘 맞는 경우가 있다. 별이 세 개만 있어도 별자리라고 한다. 누구나 태어난 별자리는 있다.

별을 보면서 시간을 알고 농사를 짓는 건 고대인들이 쓰던 방식인데다 맞다. 지금 스모그가 너무 심해서 별을 잘 볼 수가 없는데 별의 에너지가 사람한테 들어온다. 정수리를 통해서 들어와서 말초신경으로 바로 간다. 말초신경은 기감을 느끼고 리딩이 되는 부분으로 여기에 에너지가 들어간다. 별이 에너지를 느끼게 해주고 인간이 별을 운영도 하고 별을 통해 이런 능력을 키우게 된다. 별 에너지로 영적 에너지가 발달하면서 능력이 생긴다. 치유할 때도 별 에너지를 많이 쓴다.

힐러의 말초신경에서 내담자에게 별 에너지가 들어가서 내담자의 에너지를 변화시켜서 치유한다. 심장에 트라우마가 있으면 심장에 별 에너지가 들어가서 트라우마가 가진 에너지를 상쇄한다.

생명 에너지인 에테르가 복원하는 방법이라면 별 에너지는 변형시킨다. 별 에너지는 확장 시킨다. 다른 차원으로 연결해준다. 대기오염이 심각한데 일부러 별 에너지를 못 받게 하려고 그렇게 한 것이다. 반딧불이 소통하는 것도 별 에너지이다. 파장대가 비슷하다.

별자리 여러 개를 한사람이 운영할 수 있다. 여기서부터 천체마법이 시작된다. 내 마음대로 별을 조합할 수 있다. 별은 스스로 에너지 회전을 하고 있다. 인간이 별을 운영하면 별을 통해 창조할 수도 있고 별을 게이트로 만들 수도 있다. 역할에 따라서 별의 종류가 달라진다.

게이트는 다른 차원으로 이동하는 문이다. 개인이 운영하는 별이 있고 지구 전체를 운영하는 별자리가 따로 있다. 고대의 인간의 수준은 지금보다 훨씬 높았다. 하늘만 보고도 기후를 어느 정도 예측했다. 고대인들은 별의 기능을 알았다.

북극성에서 지구로 에너지가 들어와서 다시 퍼지는데, 퍼질 때 아주 미세하게 바뀐다. 이 미세한 에너지를 받을 수 있는 사람이 많지는 않다. 북극성은 거의 모든 에너지를 받아서 다시 지구로 보내는데 몸에서 흡수하는 사람은 15%밖에 안 된다. 이 에너지를 흡수하면서 인식할 수 있는 사람이 2~5% 정도다.

현재 영성 에너지인 별 에너지가 정수리를 통해서 어느 정도 들어오고 있다. 밑에서도 지저세계의 영성 에너지가 발바닥을 통해서 들어와야 정상인데 지금 이게 다 끊겨서 지저세계의 에너지를 전혀 못 받고 있다. 에너지 통로를 통해 지구의 전체 에너지가 순환되어야 정상이고 이 순환으로 대양의 기운이 돌고 이 기운을 흡수할 때, 인간이 진화할 수 있는 지저세계의 영성 에너지가 들어오는 것이다.

바다에서 해류가 돌아가는 이유는 대기에 있는 공기와 에너지를 돌리기 위해서인데 이게 제대로 돌지 않고 있다. 이걸 다시 제대로 돌게 하려면 인위적으로 돌려야 하는데 그러려면 인간이 돌려야 한다.

지구 표면과 별과의 소통은 나무가 한다. 나무가 위에서 에너지를 받아서 땅 밑으로 전달하고 땅 밑에 있는 지저세계까지 다 전달한다. 나무가 지구의 에너지를 상하로 순환하게 해준다. 그래서 햄버거 때문에 브라질의 열대우림을 없애는 것은 미친 짓이다. 순환이 이루어지기 때문에 지저에 있는 고차원 존재들이 지구에서 일어나는 모든 일을 안다.

한라산만 해도 나무들이 많이 죽어가고 있어서 안타깝다. 고목일수록 엄청난 정보와 지식이 있다. 고목을 죽게 놔두면 안 되고 살려야 한다. 흰개미들 때문에 나무가 몸살을 앓고 있는데 나무가 건강하면 흰개미와 공생 공존한다. 흰개미들이 나쁜 게 아니다. 흰개미들이 생태계를 파괴하는 생물들의 개체 수를 조정하는 역할을 한다. 흰개미들이 너무 잘못 알려져서 제 기능을 못 하고 있다. 그래서 나무들도 죽고 흰개미도 죽고 있다.

별이 공간의 층을 상하 또는 좌우로 나눈다. 도이수텝*은 자체에 작용하는 별들이 있다. 치앙마이 자체가 신선, 선인들의 나라. 도시 자체가 선인들이 세운 도시이기 때문에 특정 한 별만 도이수텝을 관리한다. 도이수텝 바로 위 공간만 그 별들이 관리하고 사람이 사는 곳은 관여하지 않는다. 그러한 에너지 층을 별이 분리한다. 특정 목적이 있는데 지구가 처음 설계될 때 그렇게 짜진 것이다. 그 목적에 최대한 부합되는 곳이 도이수텝이다.

별은 피보나치 수열의 원리에 따라 확장, 생성한다. 앞으로 별의 50%가 새로 생기고 또 없어질 것이다. 지금도 많이 생성되고 소멸하고 있는데 하늘에서 폭발이 일어나는 것은 별이 없어지기 때문이다. 별이 새로 생기면 직각인 땅의 에너지가 바뀐다. 완전히 바뀐다.
　지금 지구의 에너지를 완전히 바꾸려고 별의 50%가 없어지고 새로 생긴다. 그리고 인간의 눈으로 확인되는 별은 극히 일부이고 눈으로 볼

• **도이수텝** _ 태국의 치앙마이에 있는 불교 사원. 치앙마이는 히말라야산맥 끝자락에 있다.

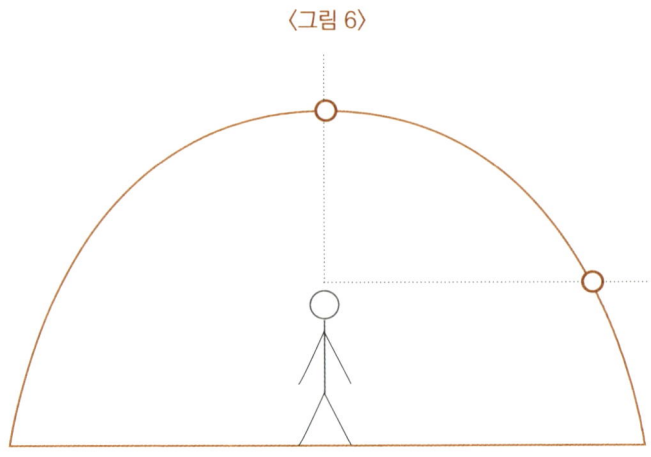

〈그림 6〉

수 없는 별이 훨씬 많다. 그런 것들은 인간이 스스로 운영하는 별이라고 보면 된다. 그러니까 보통 한 명이 세 개나 다섯 개의 별을 운영한다. 인간이 죽을 때 같이 죽는 별이 있고 영혼이 고향 행성으로 돌아갈 때 가져가는 별이 있다.

별과 인간의 역할에서 중요한 건 각도다. 사실 인간이 알고 있는 별자리라는 것이 이 각도에 의해서 그렇게 되는 거다. 어떻게 운용하냐면 〈그림 6〉처럼 직각인 별이 주로 머리에서 작동한다.

이 별빛이 양쪽으로 들어와서 상단전에서 다른 곳으로 보내지는데 이 별 에너지를 어떤 방법으로 어떻게 쓸지는 그 사람이 결정한다. 에너지니까 관계에 쓸 수도 있고 사업에 쓸 수도 있다. 별 에너지를 24시간 쓸 수 있으니까, 결국에는 몸을 다 쓰는 것이다. 그리고 우주원리나 모든 것에 몸을 다 쓰기 위해서 수련하는 것이다.

삼매에 들어서 기억을 되찾게 되면 내가 다른 행성에 있었던 우주적인 기억까지도 다 찾을 수 있다. 그러면 그때 썼던 능력이 다 돌아온다. 그게 바로 깨달음이다. 한 사람이라도 기억의 일부라도 찾아서 그 능력을 쏜다면 이 지구가 어떻게 될까. 지구가 금방 바뀌지 않겠나. 그래서 한 사람이라도 의식이 깨어나는 게 중요한 것이다.

03 | 시간

태양이 시간, 별이 분, 달이 초이다. 사람마다, 다 다른 시간 축이 있다. 이 시간 축에 의해서 돌아가는 에너지장이 따로 있는데, 이것과 신체 리듬이 맞지 않으면 어지럼증이 나타난다. 지구의 에너지를 회전시키는 지구 자기장이 있고 여기에 맞추기 위해서 시간 축이 생긴 건데 신체가 이걸 따라가지 못하면 어지러움이나 뇌 경련 같은 장애가 생긴다. 그래서 신체 리듬을 느리게 할수록 뇌에 지장이 없다. 그래서 일정을 빡빡하면 뇌졸중에 걸리기 쉽다.

생체리듬과 지구 에너지장이 잘 맞게 하는 에너지장과 센터가 따로 있는데, 그 센터는 바로 목과 중단전 사이에 있다. 현기증이 많은 사람은 여기가 잘 안 돌아서 그렇다. 뭐든지 행동을 하려면 머리에서 가슴으로 내려와야 움직이는데, 이 센터가 막혀 있으면 행동하기가 어렵다. 생각은 많은데 행동을 못 하는 이유는 여기가 막혀서 그렇다. 일단 여기를 뚫으면 몸의 적응 속도가 빨라져서 지구에 몸이 잘 적응한다. 이 생체리듬은 태양과 달의 움직임에 영향을 많이 받는데 태양이 70%, 달이 20%이고 나머지 10%는 외부환경에서 오는 에너지의 영향을 받는다. 태양이 구름에 가려져 있는 흐린 날이 많으면 생체리듬이 당연히 떨어질 수밖에 없다. 생체리듬을 회복하려면 태양에너지를 많이 받을 수 있는 장소에 있으면 된다.

태양이 변칙적으로 움직일 때가 있다. 그럴 때, 밀물 때와 썰물 때가 일정하지 않다. 그리고 달이 인체 자기장에 영향을 미친다. 거의 모든 사람의 인체 자기장이 역전*되어 있는데 뭔가를 해서 정상이 되면 달의 움직임에 생체리듬이 영향을 덜 받는다. 정상이 되기 전까지는 달의 영향을 많이 받는다. 한 30%까지도 영향을 받아서 달이 초승달, 보름달일 때 감정 기복이 심하다. 일단 자기장이 정상화되는 게 가장 먼저 필요하다.

04 지구에 대한 여러 가지 이야기들

거인국

거인국의 에너지는 전혀 다르다. 키가 4m이고 수명은 보통 400년을 산다. 그만큼 생명 에너지가 엄청나다. 거인국이 위치한 지역에 살면 엄청난 생명 에너지가 스며들어서 수명이 늘어날 수 있다.

- **역전**_극이 뒤바뀌는 현상, N극이 S극 위치에, S극은 N극 위치에 있게 된다. 선도에서는 극이 바뀌어 역전된 세상을 후천 세계라고 한다(편집자 주).

정신적인 역량이 낮은 사람이 그런 장소에서 살면 미쳐버린다. 어느 정도 정신적인 역량이 되고 영적인 레벨이 되어야 그런 장소에 있을 수 있다. 거인국과 통신이 되면 어마어마한 것들을 알려준다. 정신적 역량이 높은 영적인 사람들이 이 에너지를 받아서 제사장 같은 역할을 해야 한다. 이 사람들이 마을을 이끌어야 한다.

정치는 정치대로 경제는 경제대로 각자 열심히 살면 된다. 그나마 양심 있는 사람들이 폭로해서 지구지배 이즈비가 숨기고 있는 사실들이 조금씩 드러났다. 다 목숨 걸고 폭로했고 또 많이 죽었다. 그런 폭로 하나하나가 희망적인 요소로 작용했다. 그래서 지구에 상주하는 외계종족 외에는 다 지구를 도와주기로 합의를 했다. 힘을 모아서 지구가 파멸로 가는 것을 막기로 동의하셨다.

별똥별

별똥별은 하늘에서 만들어지는 게 아니다. 인간의 작용과 무언가가 맞아떨어지면 별똥별이 떨어진다. 하늘의 신비한 현상이 인간에 의해서 만들어지는 것이다. 뭔가 맞아떨어지면 하늘에서 그런 현상이 일어난다.

그러니까 지구를 운영하는 것은 인간이다. 우주선이 만들었다고 말하는 땅에 그려진 대형 그림, 기하학적인 문양 같은 게 생기는 것도 인간의 작용으로 땅에 틈이 벌어지는데 일정하게 벌어져서 만들어지는 거다.

그런 작용이 하늘, 땅, 바다에서 일어날 수 있다. 이런 원리가 모든 분야에서 가능하기 때문에, 모든 분야에 다 적용하면, 누구나 레오나르도 다빈치처럼 예술, 과학에 통달할 수 있다. 장영실*은 천문 과학 분야의 천재였고 이런 원리를 알고 있었다. 달의 기능을 결정하는 것도 인간이다. 인간이 변수이자 무리수이다. 잠재력과 가능성이 있기 때문에 미래는 알 수가 없다.

인도의 3대 사원

인도, 파키스탄, 방글라데시는 처음 설계할 때 하나의 나라로 설계를 했고 자치적으로 운영하려고 했는데 분리되어 버렸다. 인도는 인종이 너무 많아서 합치기가 어렵다.

　세 개 사원의 위치로 방위를 짜서 인도의 중심을 잡아주는 역할을 했다. 사원 자체의 구조적인 설계로 영적인 에너지가 사람 배꼽으로 아주 깊숙이 들어간다. 그것만으로도 현자가 나타날 수 있는 아주 좋은 조건인 것이다. 그래서 살아있는 사람의 모습으로 영적 스승이 태어나게, 아예 그렇게 설계가 되었다.

　네팔과 카일라스 성산이 가까워서 인도까지 에너지가 미친다는 의미였는데 인도의 인구가 너무 많아지기도 했고 지구에서 살 수 있는 사람의 수를 현재 인구의 25%만 생각했었다. 25% 안에서 사람의 영혼의 레벨이 달라야 정상인 것이다.

　가장 의식이 낮은 사람들이 노동을 통해서 의식이 깨어나게끔, 스스로 위빠사나를 하고 수행을 해서 위로 올라가게끔 되어있는데 외계종족이 지구에 침략하면서 이상한 구조물을 만들어서 이런 기능을 무력

● 　장영실과 더불어 대동여지도를 그린 김정호는 '궤적의 천재' 라고 영적 존재들은 말했다.

화시킨 일이 많았다. 일반인도 다 수행을 해서 높은 단계에 올라갈 수 있도록 설계를 해놨었고 사원 같은 건축물로 구조를 그렇게 짜 놨다. 그런데 상황이 이렇게 되어버렸다.

오쇼* 같은 사명자를 보낼 때는 위에서 아예 몸에서 이런 에너지를 다 받도록 모든 방비를 하고 태어나게 한다.

그나마 인도가 지구상에서 영성 에너지가 가장 많았고, 상위 에너지가 배꼽을 통해 몸 안으로 직접 들어갔기 때문에 현자가 많이 태어날 수 있었다. 외계종족이 이것까지 다 차단한 건 아니어서 그나마 다행으로 현자가 많이 태어날 수 있었다.

세 사원의 강력한 결계로 인도 전체를 보호해준다. 영적 성장을 방해하는 에너지로부터 보호해주는데 그런 게 지금은 다 무너졌다. 그래서 다시 결계를 짜야 한다. 어떻게 결계를 치냐면 타지마할 같은 경우는 태양에너지로 힘을 발휘하는 사원이기 때문에 태양이 중심인데 태양과 달, 지구와 별 그렇게 크게 네 가지로 일단은 결계를 친다.

인도의 차가 그런 에너지를 구조적으로 가지고 있어서 영적으로 빨리 도달하게 해준다. 인도나 티베트에서 만든 제품은 그 공간의 에너지를 담고 있어서 영성 에너지가 있다.

바다와 수중생물의 역할

햇빛과 별빛, 달빛을 받은 큰 바다에서는 수중생물이 바닷속에서 지구

- **오쇼(OSHO)**_인도의 현자. 동서양의 고금을 망라한 수많은 경전을 강의했으며, 현대인을 위해 직접 고안한 다이나믹, 쿤달리니 같은 명상을 보급하였다.

를 돌린다. 그렇게 지구를 운영한다. 해류는 수중생물이 움직여서 도는 것이지 바람이 불어서 도는 것이 아니다. 기상청에서 얘기하듯이 수증기가 증발해서 그런 것이 아니다. 이 세 에너지의 영향으로 바다 밑에서 엄청난 일들이 일어나는 것이다. 해류의 작용이 엄청 중요하다. 물은 땅도 뚫고 갈 수 있는 힘이 있다. 물이 엄청나게 큰 역할을 한다. 물의 힘이 그 정도인데 인간은 바다에 대해서 전혀 모른다.

몸에서 빛이 나는 동물들이 서로 다른 에너지를 섞어내는 일을 한다. 서로 다른 물질을 엮어서 물을 순환하게 해서 새로운 지형을 만드는 작업을 한다. 바다 밑의 땅을 변형하는 것이다. 산호 같은 바다 식물은 바다를 정화하고 동시에 지구 에너지를 정화한다.

땅 밑에 사는 생물들이 없었으면 지구는 이미 쓰레기장이 되고도 남았다. 땅 밑에는 고대의 많은 유적지와 UFO 잔해들이 있다. 인간이 발견하기에는 너무나 깊은 곳에 있어서 드러나지 않을 뿐이다. 수없이 많은 우주 전쟁이 지구에서 일어났었다

전기

UFO 기술이 반중력이라고 하는 건데 이 기술은 전기가 필요 없다. 인간이 만든 UFO는 추락한 외계인의 UFO를 모방해서 만든 건데 이것도 전기를 사용하지 않는다. 우주의 원리인 양자역학과 반작용과 표면의 대칭점 이런 걸 이용하는 과학이 있다. 그걸 이용하기 때문에 전기로 움직이지 않는다. 우주에서는 전기가 필요 없다.

사실 전기는 석유를 소모하기 위해서 만들어졌다. 전기 없이도 고대

에는 충분히 밝게 살 수 있었다. 그런 게 넘쳐났었다. 달의 밝기가 고대가 훨씬 밝았고 밤하늘이 암흑처럼 그렇게 깜깜하지 않았다. 지금의 밤하늘은 희뿌연 스모그나 미세먼지 이런 것들이 다 막고 있는데 별을 활용할 수 없게 하려고 일부러 그렇게 만든 거다.

지구인들이 밤하늘의 별을 보면서 밤새 걸을 수 있기를 바란다.

3장

소우주, 인체의 신비로운 체계

01 빛의 몸으로 가는 길

〈그림 7〉 발이 말쿠트, 머리가 케테르, 생식기는 예소드, 배꼽은 티페레트에 해당하며 1번부터 10번까지가 빛의 경로이다. 정수리로 별 에너지와 빛이 들어오면 1번부터 10번까지 순서대로 이동하면서 전달된다.

  인체를 세 개의 삼각형, 상중하, 상단전 중단전 하단전, 이렇게 셋으로 나눌 수 있다. 항상 기초는 3이어야 된다. 3이 주춧돌이고 기본은 4이다.

  세피라는 차크라와 연결된다. 케테르는 사하스라라 차크라, 예소드는 물라다라 차크라와 연결된다. 말쿠트가 발바닥인데 발목에서 무릎까지가 중요하다. 위가 다 열린 다음, 마지막에 열리는 곳이 발목에서 무릎까지이다. 여기에서 무지갯빛 에너지가 만들어진다. 인체가 무지갯빛을 만들어서 온몸에 퍼뜨린다. 대백색형제단 7광선*은 잘못 알려진 것이다. 인체 에너지가 순환하면서 이 무지갯빛을 방사하는 것이 최

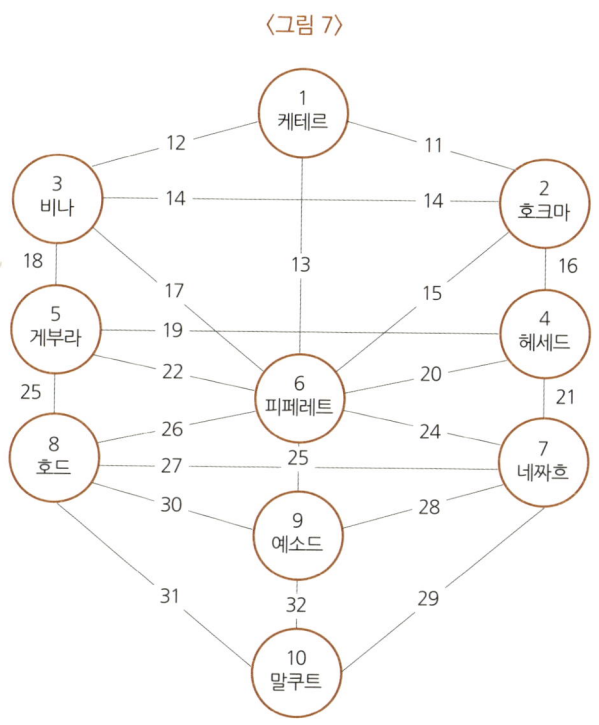

종적인 빛의 몸의 완성 단계이다.

인간의 생각으론 이 과정이 너무 고통스럽고 힘든데 스승들이 보기에는 이 방법이 가장 빠르다. 몸 수행으로 여는 게 가장 빠르다. 고통을 감수하고 이 과정을 해라. 그러면 참나, 진아, 예수가 말하는 아버지 즉 이즈비에 가장 빨리 도달할 수 있다. 에너지 통로를 열어서 빛의 몸이

- **대백색형제단 7광선**_무지갯빛이 대백색형제단을 통해 광선으로 들어온다는 채널링 내용을 말한다.

되면 당연히 질병이 없다. 빛으로만 되어 있기 때문에 질병과 고통에서 완전히 해방된다. 이것이 깨달음에 이르는 가장 빠른 방법이다.

　심장, 가슴은 영혼이 위치하는 곳이다. 인간과 영혼을 이어주는 통로가 마음이다. 수행하려면 먼저 인간탐구가 되어야 한다. 인간에 대해 어느 정도 알아야 한다. 이게 기본이다. 이게 잘 나타나는 게 소설이다. 소설은 인간탐구 없이는 쓸 수 없다. 사람의 마음을 통해서 탐구하고 아는 거다.

　네 번째 가슴 차크라, 중단전이 열리려면 영혼이 심장, 흉부 쪽 육체와 연결되어야 한다. 그러기 위해서는 요가 같은 몸 수련을 해야 한다. 코브라 자세를 하면 흉부가 펴지면서 장기들이 편하게 있을 수 있는 여유 공간이 생기고 육체가 열리게 된다. 그리고 육체가 열리면서 네 번째 차크라가 중단전에 자리를 잡으면, 영혼이 제대로 심장에 자리를 잡으면, 인간과 영혼이 연결되는 것이다. 오체투지, 코브라 자세, 태양경배 자세가 기본적인 것을 만들어주는 동작이다.

　기 수련이 단전 중심인데 상단전, 중단전, 하단전을 몸에 딱 맞추는 게 기 수련이고 요가는 차크라를 중심으로 여는 거다. 그래서 한 가지 수련만으로는 몸을 열 수가 없다. 한 가지만 하고 있으니 누가 깨닫겠는가. 인간과 영혼이 연결되면 생명 나무에 빛이 들어오고, 그 빛이 옮겨지면서 빛의 몸이 된다.

　카발라도 잘못 알려진 게 많다. 카발라 책을 보면 이런 내용은 하나도 없고 이상한 말만 잔뜩 늘어놓아서, 사람들이 이해할 수 없게 만들어 놨다. 자기들만 알려고 마치 비전 전수처럼 그렇게 만들어놓고 소수의 사람만 정보를 가지고 있으니까, 자기들은 자기들의 고집과 아집 때문에 발전이 없고 다른 사람들에게 알려지지도 않는다.

사람에게는 능력의 차이가 있을 뿐 위아래는 없다. 능력이라는 게 종류가 다를 뿐이다. 차이가 있을 뿐이고 위아래가 없으니까 수평적인 만남을 통해서 공유가 이루어져야 하는데, 자기만 알겠다고 자기만 가지고 있으면 자기도 발전이 없게 된다.

몸 수련은 사람마다 다 다른 면이 있어서 스스로 자기에게 맞는 방법을 찾아서 해야 한다. 한 가지 방법만 옳다고 얘기하고 그것만 하니까 수행자들 몸이 죄다 망가져 있다. 모든 게 '이다', '아니다'가 아니라 나와 '맞는 것'과 '맞지 않는 것'이다. 획일화된 것들이 인간을 쉽게 망치고 퇴화시킨다. 지구 지배세력들이 브랜드나 종자(씨앗)들도 다 단일화하고 있다. 인간이 진화하지 못하게 하려고 노예로만 쓰려고 그런 방법을 쓴다.

똑같은 걸 어떻게 그 많은 사람들에게, 모두에게 가르칠 수 있나. 말도 안 된다. 속 터지고 열 받는다. 애가 잘못되는 건 똑같이 교육을 받아서인데 왜 애를 혼내나. 뭐든지 그 사람에게 맞게 해야 한다. 힐러들도 다른 사람 말은 안 듣고 자기 방식만 고수한다. 힐링 받는 사람이 고통스러워하면 그 사람의 말을 듣고 바꿔야 하는데 그것조차도 안 한다. 자기 방법만 고집하기 때문에 오히려 힐링 받는 사람들이 망가진다는 걸 모른다.

나 자신을 제대로 보고 알면 몸이 정상화되는 과정이 굉장히 빨리 진행된다. 마음이 열려 있는 게 굉장히 중요하다. 책에 있는 내용은 제대로 된 내용이 거의 없기 때문에 차라리 안 보는 게 낫다. 자기 생각만 나열한 책이 무슨 도움이 되겠나. 자기한테만 맞는 건데, 그걸 모든 사람한테 맞는다고 해버리니까 당연히 그 방법을 따라 하다가 망가진 사람들이 많다. 몸도 그렇고 마음도 그렇고 따라 하는 과정에서 안 좋게 틀어지니까 몸도 상처를 받고 마음은 더 상처받는다.

관절과 차크라, 인체 시스템의 정상적인 작동

관절이 에너지 통로라는 것이 기본개념이다. 그래서 관절이 다 열리면 몸 앞과 뒤의 에너지가 왔다 갔다 할 수 있다. 그걸 내가 조절할 수 있으면 이걸 활용해서 에너지적인 창조를 할 수 있다. 사물을 바꿀 수도 있는데 사물을 바꾼다는 건, 사물의 분자배열을 바꿀 수 있다는 의미다. 그러면서 구조를 바꿔버리는 그런 개념이다. 일단 관절이 열려야 다음으로 차크라가 열린다.

몸 전체를 에너지 통로라고 보면, 관절이 열려야 에너지가 전체로 골고루 흐른다. 몸이 다 열리고 순환이 되면 탁기는 다 빠져나가서 병에 걸릴 일은 없다. 현대인들의 가장 큰 문제는 발에서 접지가 안 되고 있는 것이다. 접지로 다 빼내야 하는데 몸이 막혀 있는 것도 문제지만 길이 아스팔트로 덮여 있어서 땅으로 에너지가 흐르지 못하고 안 좋은 것들을 오히려 튕기고 있어서 더욱 접지가 안 되고 있다.

명치에 코어가 있는데 이 코어가 회전해야 한다. 이 코어가 회전하면서 토러스를 돌려서 인체 시스템을 정상적으로 작동시킨다. 몸이 아픈 사람들은 이 자기장이 다 깨진 사람들이다. 그래서 좋지 않은 외부 에너지가 침투한다. 외부에서 침투한 에너지는 몸을 삐뚤삐뚤하게 만든다. 자기장을 깨뜨리는 에너지가 정렬된 분자들을 깨기 때문에 뼈가 틀어지는 것이다.

관절 다음으로 중요한 게 뼈가 바르게 되는 것이다. 인체 시스템이 정상적으로 작동하기 위해서는 첫 번째로 코어가 회전해야 하고 두 번째로 뼈가 바르게 펴져야 한다. 그리고 전자파가 칼슘을 고갈시키기 때문에 칼슘이 너무 부족한 상태다. 뼈를 바로 잡는 동작을 할 것이다. 다음으로 필요한 게 각도로 돌리는 회전인데 관절이 360도 돌아야 한다. 에너지 조절이 다 되고 관절이 다 열려서 360도 돌아가게 되면 내 힘이 안 들어간다.

지구에서 나를 받치는 힘이 있는데 그 지구 에너지를 이용할 수 있게 되는 것이다. 지구 에너지가 지면에서부터 코어까지 돌아가면 그때부터 코어가 에너지를 돌리는 것이다. 그래서 내 에너지 소모는 거의 없게 된다. 그렇게 되면 요가에서 공중에 띄우는 동작은 힘들이지 않고 그냥 된다. 각도랑, 바닥에서 나를 받쳐주는 힘이 있으면 공중으로 띄우는 동작이 된다. 힘으로 하는 게 아니다. 요기들은 그 원리를 다 알고 그렇게 한다. 그런데 그런 방법들이 한국까지는 아직 전달이 안 됐다.

요가에서 억지로 몸을 띄우는 경우가 있는데 뼈가 바르지 않은 상태에서 띄우면 몸이 다 망가질 수밖에 없다. 일단 뼈가 바르게 된 다음에 띄워야 한다. 그래야 공간 구조를 이용할 수 있다. 왜냐면 뼈 자체가 구조이기 때문이다. 공기 에너지까지 이용하는 것이다. 힘만으로는 절대 불가능하고 내 반경에서 50미터 안의 힘을 이용하면 다 가능하다. 이건 실습밖에는 없다.

02 | 빛의 기둥과 창조의 원리

빛의 몸이 되면, 호흡을 통해 들어온 공기가 몸에 필요한 원소들을 만들어낸다. 그래서 지금 이렇게 할 수 있도록 공기의 구성성분이 바뀌고 있다.

지구지배 이즈비가 인간이 하루 세 끼니를 먹어야 살 수 있게 조작했다. 원래는 하루에 한 끼나 물만 먹어도 유지할 수 있게 설계가 되었는데, 유전자 조작으로 이렇게 된 거다. 한 끼만 먹고 수련을 했을 때 인간이 깨닫기까지 걸리는 시간이 최소 200년이다. 지금처럼 먹는데 쓰는 시간이 많아서는 언제 수행해서 깨달음에 도달할 수 있겠는가. 삼매*가 일주일 동안 지속 되면 그동안은 아무것도 안 먹게 되는데, 이렇게 되어야 그나마 빨리 도달한다. 지금은 환경 자체가 이렇게 될 수 없는 상황이다. 삼매에 드는 시간을 늘려야 한다.

척추에 있는 일곱 개 차크라를 잘 열어주기 위해서 보조적으로 쓸 수 있는 게 있는데 첫 번째가 심장이고 두 번째가 무릎이다. 세 번째가 손목이고 네 번째가 발뒤꿈치다. 에너지 통로인 이 네 곳을 먼저 열면 일

● **삼매**_의식이 진아, 참나에 있는 것

<그림 8>

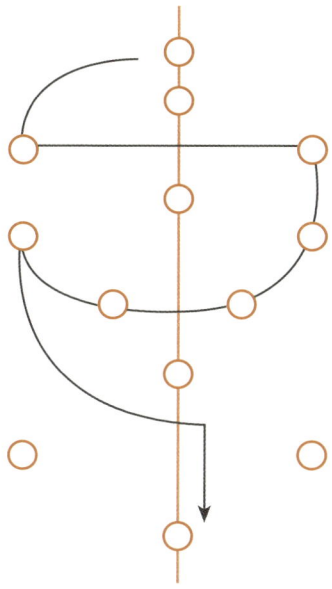

곱 개 차크라가 더 쉽게 열린다. <그림 8> 에너지가 그림처럼 회전하게 되면 중앙이 깨끗해진다. 일단은 정화가 되어야 열리기 때문에 이렇게 에너지가 S자로 돌면서 중앙이 깨끗해져서 일곱 개 차크라가 빨리 열릴 수 있다.

　그렇게 해서 가장 마지막으로 척추가 완전히 열린다. 척추가 완전히 열리면 척추 안에 있는 빛의 기둥이 열린다. 그래서 이 빛을 쓸 수가 있다. 온몸의 에너지 통로, 온몸의 에너지 문으로 빛이 방사되면서 쓸 수 있다. 부처님이나 예수님이 맨손으로 치유를 하신 것이 바로 이런 원리다. 이 빛의 기둥에서 나온 에너지로 치유를 하셨다. 이 빛과 능력이 합쳐져서 무에서 유를 창조하는 것이다. 이것이 맨손으로 사물을 창조하는 원리다. 예수님이 맨손으로 빵을 만든 게 이 방법을 통해서다.

공간이동은 빛을 사용하는 게 아니라 능력으로 분자를 재배열하는 것이다. 공간이동이나 시공간 축을 쓰는 게 바로 능력이니까 그렇게 보면 된다. 이 빛의 기둥에서 이제 빛이 온몸으로 퍼지면 불치병은 당연히 낫는다.

의식은 가(假)의식, 현재의식, 무의식, 잠재의식, 초월의식으로 나눌 수 있다. 정상적인 사람은 현재의식에서 산다. 그런데 약간 조증이나 광기가 있는 사람들은 가의식에 있다. '나는 뛰어난 사람이야' 이런 식으로 자신을 완전히 착각하고 있다. 가의식 상태에서 사이비 교주가 되는데, 특히 종교인 중에 가의식 상태에 있는 사람이 많다. 가의식과 빙의는 약간 다르다. 가의식은 스스로 만든 의식으로, 주로 열등감과 강박증이 가의식을 만들어낸다. 누구에게나 자기방어적인 면이 어느 정도는 있는데 그런 방어적인 태도가 강박적으로 발전되면 가의식이 된다. 타인에게서 나를 보호하려는 방어기제가 강할수록 이렇게 된다. 이건 페르소나하고 또 다르다. 페르소나는 내가 살아남기 위해서 상황마다 다르게 가면을 쓰는 것이고 가의식의 사람은 항상 이 의식으로 산다. 직장에서조차 이 가의식으로 산다. 현재의식이 아예 없는 것이다.

보통 사람들은 현재의식에 있다. 그리고 수행을 하게 되면 현재의식에서 무의식으로 확장된다. 그래서 수행 중에, 무의식이 가끔 올라와서, 나도 모르게 어떤 행동을 하기도 한다. 오히려 영혼은 무의식에 더 잘 연결되어 있다. 영혼이 나를 움직이는 방식은 무의식을 통해서이다. 무의식을 조종해서 직관이라는 이름으로 움직이게 한다.

잠재의식은 무의식과 집단의식의 공통분모다. 다른 사람의 것도 같이 혼재해 있다는 의미다. 왜냐하면 양자역학의 작용으로 공유가 되어서 그렇다. 우리가 잠재의식 속에 다 연결되어 있기 때문에 감정을 공유하고 공명하는 것이다. 잠재의식에서 바로 공명이 나온다. 여기서 정보가 공유되어서 '동시성'이라는 현상이 일어난다. 다른 사람의 잠재의식과 내 잠재의식이 겹쳐 있는 교집합이라고 보면 된다. 그래서 충분히 협업이 가능한 것이다. 이런 이유로 이즈비가 상호협력을 할 수 있다. 이렇게 해야만 지구라는 감옥 행성에서 탈출할 수 있다. 이걸 최대한 활용하라. 그래서 다른 사람을 단칼에 자르지 말라는 거다.

의식의 가장 깊은 곳에 초월의식이 있다. 이 초월의식이 우주의식과 연결된다. 여기까지 도달하면 이즈비의 기억이 되살아난다. 여기에 도달한 이즈비가 기억의 일부와 능력을 되찾아서 지구를 탈출할 수 있었다. 초능력은 다 초월의식에서 나온다고 보면 된다. SF에 나올법한 것보다 훨씬 더한 것들을 충분히 할 수 있다. 지구에서 나온 SF 환타지 소설은 극히 일부분이다. 한 0.5%밖에 안 된다. 훨씬 더한 초능력이 나온다. 상상하지 마라. 어차피 못 할 테니까. 그러니까 부처님이나 예수님이 맨손으로 사람을 고친 것은 아무것도 아니라는 얘기다. 그러니 우주의 다른 곳이 어떨 것 같은가. 당연히 지구가 최악이다.

03 | 인간의 신비한 성, 여성의 마음

여성의 마음은 자궁 안에서 한 10cm 정도 더 들어간 곳에 자리 잡고 있다. 여자로서 상처를 많이 받으면 이 마음이 상처받는데, 그 에너지로 자궁이나 난소가 안 좋아지는 것이다. 특히 가족이나 연인처럼 가장 친밀한 정감을 느끼는 사람들과의 관계가 안 좋으면 여기가 나빠질 수밖에 없다. 그래서 이곳의 상처를 회복하는 것이 먼저 할 일이다. 특히 한국여성들은 워낙 상처가 많으니까 자궁이 제대로 안착이 안 되고 삐뚤어져 있다. 좋지 않은 것들을 피하느라고 스스로 꾸겨진 것이다.

둘 다 불임이 아닌데도, 아내는 아이를 원하는데, 남편이 아이를 원하지 않을 때 난소가 타격을 받는다. 그래서 불임이 아님에도 불임이 되는 현상이 나타난다. 아이라는 생명을 탄생시키는 여성의 기능에 손상이 오면 여성의 마음이 타격을 받는 것이다.

질과 클리토리스와 항문 그리고 질과 항문 사이에 있는, 네 개의 차크라가 다 이즈비가 깨어나는 걸 도와주는 기능을 한다. 이게 열리면 특히 성 에너지가 올라와서 명치를 뚫어준다. 이 네 개가 명치 쪽을 열게 해서 이즈비 합일과 진화를 할 수 있게 도와주는 보조 차크라다.

이 네 개의 보조 차크라는 기존의 일곱 개의 차크라 보다는 작은데, 다른 차크라를 열어주는 차크라라고 보면 된다. 이런 구조의 의미는 여자는 남자를 알고, 남자는 여자를 알아야 균형이 맞는다는 뜻이다. 이걸 다 알아서 여기에 도달해서 진아가 되라는 의미다. 성교가 네 개의 보조 차크라를 가장 많이 움직이는 방법이긴 한데 다른 방법으로도 차크라를 활성화해서 충분히 진아와 합일할 수 있다. 기본적으로 수행으로 가는 사람들 말고 일반인의 경우는 이런 게 필요하다는 의미다. 남자와 여자의 만남이 필요하다. 결혼하라는 게 아니라 인간을 이해해야 한다는 의미다. 의무적인 건 아니지만 연애도 결혼처럼 하나의 공부다. 뭐든지 강요로 되어서는 안 된다. 자연스럽게 일어나는 과정으로 가야 한다. 모든 행위가 내면 깊은 곳에서 저절로 일어나야 한다.

04 | 몸과 연결되는 전생의 기억

개인으로 들어가면 심장이 바로 직전의 생이다. 하단전이 현재 또는 미래에 내가 주로 활동하는 지역이다. 심장이 직전의 생이기 때문에 당연히 모든 감정이 밀집되어 있다. 현생을 지배하는 게 바로 직전의 생이다. 여기서 현생의, 중년까지의 인간관계를 지배한다. 모든 얽힘이 다 여기 심장에서 시작된다. 가슴이 가장 답답하고, 가장 막혀 있고, 가장 아픈 곳일 수밖에 없는 이유다. 그래서 심장이 완전히 정화되면 수행은 거의 다 끝난다.

인과응보의 법칙대로 치를 대가를 미루지 말고 현생에서 다 치르는 게 좋다. 왜냐면 남은 것들을 다음 생의 심장으로 다 가지고 가기 때문이다. 차라리 이번 생에 고통을 피하지 말고 받는 게 낫다. 그게 가장 빠른 지름길이다. 다음 생에서는 그래도 최소 평범하게는 태어나야 하지 않겠나. 지금 죗값을 미루면 다음 생에 더 어려운 환경에서 태어난다. 악독한 부모를 만나서 버림받고 혹독하게 자란다든지 이럴 수 있다. 안 좋은 환경에서 태어나기 때문에 그걸 방지하기 위해서라도 현생에서 다 해결하는 게 좋다.

다리는 가족, 집안 대대로 살아온 지역이다. 그래서 조상들, 집안의 업보 그런 것들이 시커멓게 다리에 있다. 그게 많으면 그라운딩이 잘 안 되는데 그라운딩이 안 되고 시커먼 게 많으면 돈이 안 들어온다. 왜냐면 조상이 돈하고 50% 정도가 관련이 있기 때문이다. 일단 다리 정화를 많이 하면 지역도 정화가 된다. 그러면 그라운딩이 되고 돈이 들어온다. 그리고 지역과 지역이 연결되어 있기 때문에 다리가 정화되면 지역 간의 통로들도 좀 정리가 된다. 지역과 지역의 일은 곧 산업이기 때문에 산업이 정리되는 의미도 있다. 아무튼 다리를 정화하면 할수록 산업도 정화가 된다고 보면 된다. 깊이 있게는 못 들어가도 어느 정도까지는 표면상의 지저분한 것들이 조금씩은 정리된다. "지상의 쓰레기를 내가 처리한다" 이런 생각을 하면서 정화하면 좋다. 그런 쓰레기들이 없어야 보이지 않는 세계에서 작업할 때 훨씬 수월하고 빠르게 효율적으로 일이 진행된다. 힐링을 하든, 수련을 하든 깨끗이 하는 에너지 정화가 그래서 중요하다. 작업할 때 그 쓰레기들이 장애가 되기 때문에 개개인의 정화와 치유 작업이 아주 중요하다. 그래서 모든 일은 동시에 함께 하는 게 좋은 것이다.

손바닥은 내가 태어난 지역, 손등은 현재 사는 지역, 목은 내가 영향을 미칠 수 있는 지역이다. 이건 활동하는 지역하고도 관련이 있다. 목이 많이 열리면 활동하는 지역과 영향력이 커진다. 머리는 사명과 관련이 있다. 영혼이 태어난 이유와 관련이 있는데 거의 종착지라고 보면 된다. 영혼의 종착지라고 보면 된다.

05 | 무지갯빛을 뿌리는 여신

에너지 통로가 열리면 횡격막부터 가슴 위로 무지갯빛이 퍼진다. 무지갯빛이 퍼지다가 머리 쪽에서 이 일곱 개의 무지갯빛이 섞여서 발산된다. 백조는 이 빛을 퍼뜨리는 역할을 한다. 이렇게 발산되는 빛은 남자를 각성으로 이끌고 도와준다.

그래서 남자와 여자가 만나야 한다. 가장 최종 단계인 이런 작용 때문이기도 하고, 이렇게 합쳐지는 것이 이즈비 합일의 가장 빠른 방법이기 때문이다. 무지갯빛이 섞이면서 에너지가 변화할 때 에너지 소모가 엄청 많아서 여자의 몸으로는 감당하기 어렵다. 이때 남자가 힘으로 받쳐주는 역할을 한다. 이게 카발라 또는 요가에서 마지막에 나오는 남녀 합일의 의미다. 탄트라는 명치를 뚫어주는 게 빠르고 무지갯빛은 이런 역할을 한다. 에너지 창조가 일어나기 때문에 무지갯빛이 빛의 몸에서 더 나아가는 것이다.

일곱 가지 빛이 섞인다는 건 곧 창조 자체를 말한다. 완전히 다른 에너지가 생긴다. 이 에너지를 어떤 에너지로 창조할 것인가는 그 사람한테 달려 있다. 어떤 의도로 어떻게 쓸 것인가는 그 사람의 선택이다. 이 창조된 에너지로 세상이 완전히 탈바꿈한다. 이게 지구에서 일어나는 차원 상승의 최종단계다. 지금 세상이 물질계에서 영성으로 변화하고 있는데 물질이 완전히 바뀌는 과정이 이렇게 진행된다.

06 인체에 대한 여러 가지 이야기

파동 명상

1~300Hz 파장대에서 파동 명상을 하면 수행의 1단계인 '바라보기' 명상 상태로 들어갈 수 있다. 300~500Hz 사이가 '알아차림' 단계로 들어갈 수 있는 파장대다. 500Hz 이상부터는 뇌하수체가 열리기 시작하면서 고차원과 연결되는 파장대다. 그러면 채널링˙이 가능하다. 뇌하수체가 일단 열려야 채널링이 가능한 것이다. 리딩은 조금 다른데 리딩은 수신용 안테나만 있으면 된다.

 등을 열어주는 파동은 강, 약, 약 세 박자다. 싱잉볼이나 백수정을 사용해서 열 때는 힘을 빼고 천천히 돌려서 소리를 약하게 해야 한다. 세피로트를 열 때는 소리를 약하게 했다가 중간으로 했다가 약하게 했다가 다시 강하게 해야 한다.

 만트라도 마찬가지로 적용된다. 그리고 세피로트를 열려면 항문의 힘이 필요하다. 평소에 항문 조이는 연습을 많이 해라. 여기가 튼튼한 사

• **채널링**_인간과 다른 차원의 존재들 사이에 이뤄지는 일종의 상호 영적 교신(靈的交信) 현상을 말한다. TV나 라디오 채널을 돌려 주파수가 맞으면 특정 방송이 나오듯이, 초의식(超意識) 상태에서 서로 파장이 동조되면 고차원적 존재들과 대화가 가능해진다. 이러한 채널링을 행하는 사람을 보통 채널러(Channeler)라고 한다. 채널링은 물이 수로를 타듯 의식의 흐름을 따라 막힘없이 글을 쓰는 기법으로, 저항을 막고 무의식에 감춰져 있거나 억압되어 있는 정서 혹은 사고를 끌어낼 수 있다.

람이 세피로트가 열리기 쉽다.

　팔, 흉부, 아랫배, 다리를 좋아지게 하려면 구조적으로 접근하고 관절을 써야 한다. 심장, 간, 위, 췌장, 생식기를 튼튼하게 하려면 관절과 마음공부, 차크라 이 세 가지를 해야 한다.

항문 차크라

차크라 중에서 가장 마지막에 열리는 게 항문 차크라다. 항문 차크라가 열리기 전에 열리는 게 1번 차크라와 2번 차크라 사이에 있는 차크라다. 이게 지구와 연결해주는 차크라인데 항문 차크라가 열리지 않으면 이게 열려도 힘이 없어서 지구 에너지를 운영하지 못한다. 내 몸으로 지탱할 수 있는 힘을 가져야 이 에너지를 쓸 수 있다. 몸의 힘이 굉장히 중요하다. 특히 하체의 힘이 중요하다. 지구에서 나를 지탱할 수 있는 기본적인 힘이 있어야 된다. 지구에 사는 게 힘들고 잘 적응 못 하는 예민한 사람들은 이런 기본적인 힘이 없어서 그런 것이다.

　차크라는 장기를 좋아지게 하는 기능이 있다. 차크라가 열리면 좋아진다. 이걸 어떻게 구조적으로 좋아지게 하냐면 예를 들어 요가에서 고양이 자세를 할 때, 엉덩이를 들어 올렸다가 내리는 동작을 한 번 해보는 거다. 아니면 발가락을 꺾었다 내렸다 하는 동작을 해보는 거다. 형태를 바꾸었다가 원래 자세로 돌아오는 걸 반복 하다 보면 에너지가 돈다. 에너지가 순환되면 에너지가 바뀌면서 몸이 스스로 움직이고 자기들끼리 몸을 맞추면서 제자리로 찾아가는 원리다.

　원래 관절운동만 해도 몸이 제자리를 갖추지만 이렇게 하면 동시에 금방 좋아진다. 관절만 움직이면 교정될 때 아픈데 근육을 같이 쓰면 고통이 좀 덜하다.

요가에도 구조적인 자세가 있다. 특히 서서 하고 누워서 하다가 앉아서 하는 자세로 바꾸어 주면 그런 방법이 구조적으로 몸을 움직이는 것이다. 그게 빈야샤*의 원리다.

일단 흉부가 열려야 심장과 가슴 차크라가 열리는데, 가슴 차크라가 직접 열리지 않는 사람들은 팔 동작으로 열게 할 수 있다. 팔을 움직이면 가슴 부위에 에너지가 작용한다. 직접 열기가 어렵다는 건, 그곳이 시커먼 것으로 가득 차 있어서 그렇다. 간접적으로 팔을 움직여서 시커먼 것들을 조금씩 빼낼 수 있다. 손끝부터 시작해서 점점 심장으로 들어간다.

태양 경배 자세를 하기 전에 귀를 약간 만져주면 백회가 뚫린다. 태양 경배 자세가 태양에너지를 받는 건데, 태양 명상이나 태양 관련된 자세를 할 때, 귀를 만져주면 백회를 뚫어주니까 상호작용하는 효과가 있다.

코브라 자세나 고양이 자세를 할 때는 아랫배 근육 안쪽을 쫙 수축해라. 그 동작을 크게 최소 다섯 번 하고 시작하면 아랫배가 열리는 게 빠르다. 그리고 뱃살도 빠진다. 다리 찢는 거는 기본이 항문 조이기다. 항문 조이기를 한 3분에서 5분 정도를 기본으로 하면 도움이 된다. 일단 하체가 튼튼해야 가능하니까 발목과 고관절을 같이 돌려줘라. 그러면

- **빈야사**_여러 동작을 물 흐르듯이 부드럽게 연결해서 하는 요가

고관절이 더 빨리 열린다. 고관절이 열려야 물라다라 차크라가 열리고 항문 차크라가 빨리 열린다.

골반, 하단전, 차원 상승

하단전이 있는 골반을 여는 동작을 하면 세포들이 활성화되어 골반을 막 두들긴다. 파동과 입자가 공간을 확보하기 위해 엄청나게 빨리 움직이는 것이다. 그러면서 진동수가 올라간다. 이게 차원 상승이다. 지구의 진동수가 올라가는 것과 똑같은 원리이다. 지구의 골반은 태평양이다. 지구의 입자들이 엄청 빨리 움직일 때 태풍, 지진 등이 발생한다.

움직일 때 골반을 세워라. 사람마다 가장 편한 자세가 있다. 명상할 때 최적의 각도를 찾는 것이다. 명상할 때 자신만의 최적의 자세와 각도를 알 수 있다.

골반이 정상이 되어야 장도 좋아진다. 대장을 잡아주는 게 골반이기 때문에 골반이 정상적인 각도로 있고 건강하면 대장암도 걸리지 않고 장에서 노폐물이 빠져나가서 대장암도 해결된다. 항문은 오히려 긴장을 많이 시켜라. 그래야 위쪽에 있는 장기들이 열심히 일한다.

항문 조이기나 빨리 걷기를 통해 대퇴부가 튼튼해진다. 튼튼한 대퇴부가 골반을 잡아준다. 허벅지 안쪽 근육을 키워라. 그래야 하단전이 열린다. 하단전은 무한한 가능성, 잠재의식의 전체다. 다 연결되어 있다. 몸이 잘못되어 있으니까 하단전이 자리를 못 잡고 제대로 작동하지 않고 있다. 몸이 정상이기만 해도 하단전은 자리를 잡는다. 인위적으로 자리를 잡아야 하는 게 아니라, 몸이 정상으로 되면 알아서 자리 잡는다.

하단전의 마름모가 세상 조정인데, 하단전이 열리면 마름모가 겹치면서 열린다. 이게 열려서 사회인으로 사는 것, 세상에 관여하는 것이 곧 세상을 조정하는 것이고 사회와 관계하는 것이다. 하단전이 열리면 존재가 관여하게 된다. 생각으로 하는 방식이 아니라 전혀 새로운 방식으로, 에너지적으로 관여한다. 이렇게 관여하는 사람이 많을수록 빛에너지가 많이 돈다. 빛에너지가 정화인데 사람들에게로 흘러 들어간다. 다른 의미가 아니다. 이렇게 세상과 인간을 정화하는 것이다. 너무 분리해서 보니까 영성이 너무 어렵고 관념화된다.

명상을 잘못 알고 있으니까 당연히 어렵다. 명상하는 사람들이 이렇게 되어버린 거다. 명상을 책으로 써서 무기로 만들어버렸다. 지식을 오남용해서 깨달았다고 하면서 사람을 이용하고 있다. 자기 이익을 위해서 그렇게 한다. 책에 이상한 자기 관념을 덮어씌워 겹겹이 잘못 알고 있으니 어떻게 여기에서 깨어나겠는가. 이런 구조에서 깨어난 사람을 찾는 건 사막에서 쌀알을 찾는 거나 마찬가지다.

부록

지구와 우주에 대해
지금까지 들어보지 못한 짧은 이야기

'전자책으로 출간한 초기 원고'

육체를 가지지 않은 스승이 들려준 놀라운 이야기

01 물질을 만드는 다섯 가지 구조(형태적으로)

1) 박스형(입체) : 모래, 자연(나무, 산, 땅)
2) 구(球)형 : 물, 불, 입자, 결정
3) 경각 : 사물(별, 행성), 스타게이트

*각 : 각도
*경 : 구조에 의해서 생기는 힘(태극권, 구조역학 참조)

물체를 들어 올리는 힘은 지점(Supporting point) 0의 주위로 회전시키려고 하는 힘과, 지 점 0에서 힘이 작용하는 점까지의 거리의 곱셈(F×l2)을 힘의 모멘트라 한다. _네이버 지식백과 〈산업안전대사전〉

힘에 의한 물체의 회전 효과는 힘의 크기만이 아니라, 회전축으로부터 힘의 작용선까지의 거리(힘의 팔이라 한다)에도 의존한다. 이 경우 힘의 크기와 팔의 길이의 곱을 힘의 모멘트라고 하며, 회전 각속도(角速度)는 이 양에 비례하고, 회전축 주위의 관성(慣性)모멘트에 반비례한다.

또 물체의 회전이 시계방향과 같은 방향으로 효과를 가진 경우를 양, 반대인 경우를 음이라고 하면, 물체에 작용하는 많은 모멘트의 대수합(代數合)에 의해 대표되며, 그 크기는 합력의 모멘트와 같아지게 된다._
네이버 지식백과 〈두산백과〉

4) 빛 – 천연 원석, 빔, 레이저
5) 에너지 – 상념체, 육체, 동물

02 지구의 구조는 지상과 지하 둘로 나뉜다

지상 : 대륙, 대양, 대기권, 하늘, 별, 태양, 달
지하 : 멘틀(마그마, 용암), 거인의 나라, 지저세계

에드워드 스노든이 폭로했듯이 빙하지대에 인간의 몸으로 들어갈 수 있는 구멍이 있으며, 키는 4m, 수명은 400년이 되는 거인이 사는 나라가 있었다.

지저세계는 지구 영단으로 지구 전체를 관리하고 운영한다. 빛의 사제단이 인간을 영적으로 에너지적으로만 이끈다. 〈그림 1〉
원칙적으로는 지도령, 관리자, 스승 등의 보이지 않는 지상의 존재들 외에는 인간의 세계에 관여할 수 없다. 만약 지상의 존재들 외의 다른

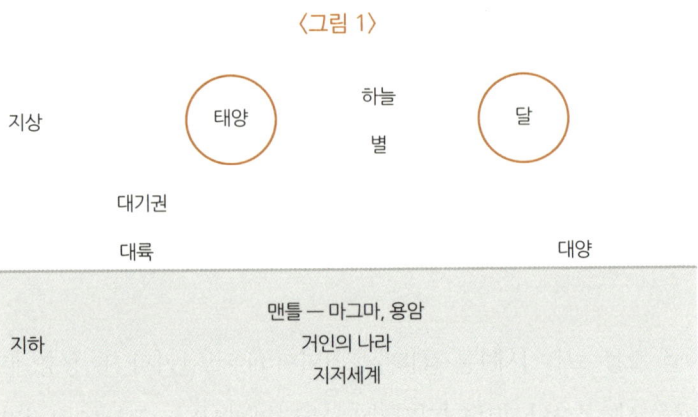

존재들의 관여가 필요하다면 총 7세계의 상층부의 허가를 받아야 한다. 현재 지구는 긴급사태 제1급 위기상황이고 존재하는 모든 세계와 존재들이 물질계로서의 지구는 존재 이유를 상실했다고 판단하여 지구 외의 존재들이 개입, 간섭하기로 결정하였다.

03 | 지구는 영혼, 이즈비의 씨앗 행성으로 만들어졌다

보이지 않는 생명 나무에서 꽃이 피어 씨앗을 남기면 그 씨앗에서 영이 탄생한다. 영은 점점 개성이 생기면서 거기에 맞게 역할령으로써, 보이지 않는 세계에서 인간을 도와주는(지도령, 수호령 등) 여러 일을 하다가 등급이 올라가면 인간으로 태어나게 된다. 여기서부터가 영혼이 완성되는 과정이다. 영혼은 영과 혼의 결합으로 영은 에너지, 능력 혼은 개성체라고 보면 된다. 영혼에 정체성, 자의식이 생기면 이즈비(is-be)가 된다.

04 | 인체 에너지장인 토러스는 이즈비만 운영할 수 있다

토러스 〈그림 2〉는 무한한 우주 에너지이며 인체 에너지장(자기장)이기도 하다. 이 토러스는 창조를 일으키며 외부의 유해 에너지로부터 보호해 준다.

씨앗 행성인 지구에 외계 이즈비가 들어와 살기 시작하면서 급기야 지구는 사이코 이즈비에 의해 마인드컨트롤 시스템으로 운영되는 감옥

〈그림 2〉

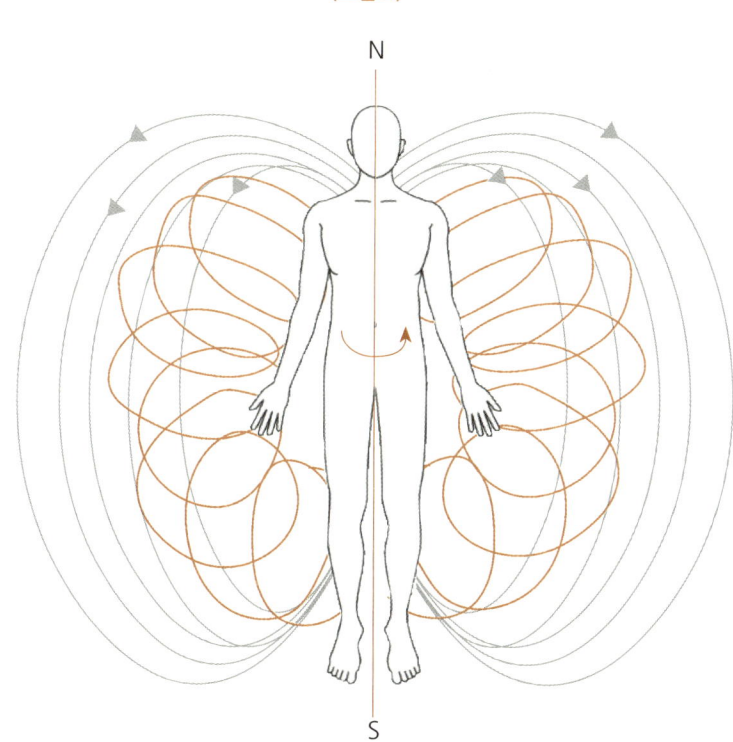

행성이 되었다. 호모사피엔스의 뇌 구조는 뇌파 조정을 당하기 쉬웠다. 다른 인체기관도 신경세포로 연결되어 있어서 조정 당하기 쉽다. 백인이 '호모 사피엔스'이고 황인종은 '프라닥테헤믄스'(영적 존재들이 부르는 정식명칭)이다. 동양인의 구조와 서양인의 구조는 에너지적으로 확연히 다르다. 인류는 한반도를 시작으로 아프리카, 오세아니아, 아메리카 대륙에 퍼져나갔다. 유럽은 원래 인간이 살기에는 부적합한 땅이다.

사실 유럽은 숲으로만 존재하여 인간에게 중요한 산소를 공급하도록 만들어졌다. 고산지대-빙하, 이런 곳은 인간이 쉽게 갈 수 없도록 설계되었다. 그곳에서는 많은 영적인 일들이 일어난다. 영적인 수준에 도달한 사람만이 갈 수 있게 하였다. 바다는 육지와 인접한 해안가만 인간이 사용할 수 있도록 설계되었고, 대양의 아주 깊은 바다는 아예 인간이 접근하지 못하도록 만들어졌다. 바다는 지식의 창고이다. 인간이 풀 수 없고 알면 안 되는 무한한 정보들이 있다. 그리고 수많은 우주 전쟁의 잔재들이 깊은 바닷속에 잠겨 있다.

문_ 감부티스가 쓴 여신의 언어에는 자웅동체의 여신이 인간을 만들어냈다고 하는데 사실입니까?

답_ 행성 초기 단계의 지구가 완전히 행성으로 자리 잡기 이전에 그런 시도가 있었다. 주기에 포함되지 않는다.

1억5천만 년 전에 생명 회사에서 공룡이라는 폐기 처분한 종을 지구에 버렸는데, 그때 지구는 선인계 한족에 의한 1주기였다. 공룡이 어마어마한 식욕과 번식력으로 많은 인간을 잡아먹고 자연의 생태계까지 교란하여서 어쩔 수 없이 대륙을 뒤집으면서 1주기를 종식 시킬 수밖에 없었다.

　2주기는 레무리아였다. 한족의 1주기와 레무리아 2주기는 모두 지구 밖의 외계에서 온 존재들로, 상위세계의 명을 받고 지구에서 실행하였다. 레무리아인은 이즈비 위에 있는 레벨의 존재이다. 그래서 2주기는 성공적이었다.

05 │ 이즈비(is-be)은 총 여섯 종류로 나뉜다

1) 자연계 : 예) 요정
2) 인간계 : 예) 부처
3) 천사계 : 예) 예수
4) 마법계 : 예) 마법사, 마녀
5) 선인계 : 예) 신선, 신명, 천신, 옥황상제, 염라대왕
6) 지혜계 : 예) 노자

　이즈비는 능력과 의식 수준에 따라 크게 상위레벨, 중위레벨, 하위레벨로 나뉘며 각 레벨은 다시 등급으로 나뉘어있다. 선택과 노력으로 하위레벨에서 단계별로 상위레벨까지 올라갈 수 있다. 이 레벨과 등급은 인간의 수직적인 상하구분과는 전혀 다른 개념으로, 능력과 수준을 구

분하기 위함이다. 현재 가장 낮은 레벨의 이즈비가 지구에서 권력을 가지고 있다.

이즈비 위에 총 여덟 개의 레벨의 존재들이 있고, 이 여덟 개 레벨의 존재들이 참여하는 최상위회의가 있다. 그곳에서 세계의 질서를 논의한다.

06 | 우주는 총 일곱 개의 전혀 다른 세계가 있다

우주는 총 일곱 개의 전혀 다른 세계가 있다. 그중 하나의 세계에 물질 우주가 있고 물질 우주 속에 지구가 있는 것이다. 지구에는 다른 여섯 개의 세계로 갈 수 있는 웜홀이 있다. 지구가 속한 물질 우주에 이런 웜홀이 있는 행성은 지구를 포함하여 총 21개이며, 이 21개의 행성끼리는 서로 왕래를 자유롭게 하지는 못한다. 아무나 오갈 수 없으며 특수한 경우에만 허가를 받아야 한다. 게이트는 지구가 속한 물질 우주 안에 속한 행성 간의 이동 게이트이고 비교적 왕래가 자유롭다. 웜홀을 통해서는 지구에서 다른 우주, 다른 세계로 갈 수 있다. 시공간은 다른 행성, 우주, 세계의 좌표 역할을 한다. 세계는 시공간의 축으로 구분된다.

지구에 게이트와 웜홀이 있어서 우주 전쟁이 많이 일어났다. 일곱 행성은 행성의 타입(type)을 말하는 것이고 태양, 달을 중심으로 시간이 설정되어 돌아간다. 별 자체가 게이트 역할을 하는 별이 있다. 별의 반짝이는 강도가 다른 이유는 다차원을 한 번에 뛰어넘을 수 있기 때문이다. 응축된 광자의 폭발이라고 보면 된다.

별은 기후조정도 한다. 그래서 과거에는 별자리를 보고 농사를 지을 수 있었다. 지구지배 이즈비는 인간이 별자리를 활용할 수 없도록 휘발유 자동차를 생산해 공기를 오염시켜서 별을 보지 못하게 만들었다. 대기오염은 그런 이유에 의해서 만들어졌다.

석유는 땅속에 있어야 한다. 땅을 튼튼하게 유지하는 역할을 한다. 땅속에 있어서 지반이 약해지는 걸 막기 위함이었다. 지구를 지배하는 사이코 이즈비는 땅속에 있어야 할 석유를 빼내 지반을 약하게 해서 생태계를 파괴하고, 인간의 진화를 방해하는 두 가지 이득을 취하였다. 시멘트, 콘크리트, 아스팔트는 인체를 망치고 인간과 지구와의 연결을 차단한다. 현재 지구를 지배하고 있는 이즈비의 고향은 고철, 쇠로만 되어있는, 행성이라기보다는, 큐브라고 볼 수 있다. 박스형 물질로, 간혹 이런 형태의 공간 출신의 이즈비가 이런 행태를 보이는데 이들은 진정한 이즈비라기보다는 물질의 연장선상에 있는 무엇인가로 볼 수 있다.

인간은 가만히 놔두면 자체적으로 해결하지 못하는 것이 없다. 지구지배 이즈비가 모든 것에 개입함으로써 지구 외의 존재들조차 개입하도록 만들었다. 원상복구 하려면 완전히 파괴하든지 180도 탈바꿈하든지 두 가지 방법 외에 차선책은 거의 없다.

지구 지하에 수많은 터널이 있으며 이 터널들은 인간이 지구 지하를 알지 못하게 하려는 목적으로 만들어졌다. 인간은 지구 지하의 거인국, 지저세계도 갈 수 있도록 설계되었다. 지구의 표면, 지구 밖(외계), 지구 내부와 자유롭게 소통하고 왕래가 이루어져야 이 행성이 정상적으로 돌아간다. 다양한 것이 창조와 성장을 위한 가장 빠른 지름길이다. 그래서 지구는 그렇게 설계되었다.

07 당은 열대지방의 육체 노동자들을 위해 만들어졌다

조금만 일해도 땀이 많이 나는 지역에서 사탕수수가 자라는 것이다. 한국은 사계절이 있고 주식이 곡물, 탄수화물이므로 충분히 당 섭취가 가능하다. 필요하지 않은 것을 수입하고 있다.

율무, 강황, 시금치가 뇌에 활력을 준다. 특히 율무는 시냅스가 제대로 역할을 하는 데 도움을 준다. 수행의 단계에서 빛의 몸으로 변화할 때, 먼저 신경회로가 빛을 받아들일 수 있는 상태로 변하기 시작하는데 대개 사람들은 이를 견디지 못하고 치매에 걸린다. 변화에 대한 저항으로 몸이 스스로 그렇게 만든다. 몸이 변화를 거부할 때 나타나는 증상은 질병으로도 나타나는데 루푸스 같은 희귀병이 그런 예이다. 수행자는 율무, 강황, 시금치 같은 식품으로 몸의 변화에 미리 대비하는 것이 도움이 된다.

향신료는 각성제이다. 더운 지방에서는 금방 탈진이 되기 때문에 지구력 강화를 위해 만들어졌다. 향은 몸 안의 에너지 통로를 열어주는 역할도 한다. 레벨이 높은 이즈비 일수록 좋고 고급스러운 향을 사용하도록 이즈비마다 다르게 공급되어야 한다. 귀한 향은 상위 레벨 이즈비만 쓸 수 있다. 그래서 일반인에게 대중적으로 잘 알려져 있지 않다. 수련의 높은 단계에 이르러야만 접할 수 있게, 행성 초기 때부터 그렇게 설정되었다.

아주 오래전에는 커피로 향신료를 만들었다. 커피 추출물을 요리에 쓰면 지방분해를 돕는다. 음식에 들어가면 식재료들의 조합에 의해 시너지효과가 발생한다. 맛은 신맛, 쓴맛, 단맛, 짠맛, 떫은맛 등 이런 맛들이 조합된 결과이다. 커피의 떫은맛은 식욕을 억제해준다.

식물의 뿌리가 지형을 바꾼다. 지구 지형의 변화는 식물에 의해서다. 인간은 적응만 하면 된다. 인간이 막으려고 하는 것은 바람직하지 않다. 지표면의 수많은 역할을 하는 존재(자연, 동식물, 보이지 않는 역할령 등)들이 유기적으로 얽혀 있는 관계를 파괴할 뿐이다.

사람이 모여서 창조가 일어나도록 하는 것의 예로 서양의 파티문화를 들 수 있다. 사람들은 모여서 서로 의견을 나누는 중에 아이디어와 예술적 영감을 얻는다. 한국에서는 잔치, 대가족문화가 그 역할을 한다. 식사할 때 둥그렇게 모여앉아서 먹는 문화, 음식을 같이 만드는 김장과 장을 만드는 문화가 좋은 예이다.
현대사회는 점점 개인화되어 혼밥족이 늘고 있는데 이건 퇴화의 지름길이다. 고립은 발전, 성장을 멈추게 한다.

예술가들은 예민한 성향이 있어서 대개 혼자서 작품을 만드는데 그건 자기만의 생각을 표현한 것으로, 대중들이 공감을 통해 의식이 확장될 수 있게 하는, 진정한 의미의 예술이라고 보기 어렵다. 사람들이 많이 있는 펍 같은 곳에서 모르는 사람들과 대화하는 것이 중요하다. 공유하는 것에서 새로운 파동이 생겨서 창조가 일어난다.

e-게임은 하나만 생각하도록 만들어진 도구이다. 정체성을 잃어버리게 만든 장치이다. e-게임은 감옥 행성에서만 필요하다. 감옥에서 할 게 무엇이 있겠는가?

언어가 없어도 소리로 소통이 가능할 수 있다. 음악이 소통에서 차지하는 비중은 70%이다. 자폐아는 음악치료가 필요하다. 자폐아 개인의 고유한 파동을 맞추기만 한다면 치료가 금방 일어날 수 있다.

대중화, 보편화하려고 하는 사고방식 자체가 잘못되었다. 이 세상에 같은 사람은 절대로 없다. 대중화, 보편화가 한국인들의 분노, 화, 한을 만들어냈다. 획일화로 인한 억압된 무의식은 에베레스트산 만큼이나 거대하다. 이러한 집단 무의식은 문화, 예술 같은 다양한 방법으로 힐링 될 수 있다. 그러나 특정 집단의식은 힐링 작업이 복잡하다. 예를 들어 재난으로 인해 발생한 집단의식은 다른 방법으로는 해결되기 어렵고 영적인 작업이 필요하다. 힐러가 하는 힐링은 힐링을 받으러 온 사람과 그 사람의 직계가족만 가능하다.

무엇이든지 맞춤형으로 가야 한다. 기회를 주어야 한다. 그래야 억압된 분노가 해소된다. 노무현 정부가 잘 한 것은 바로 토론문화였다. 토론은 사람들의 파동이 섞이면서 억압과 분노가 상쇄되고 그럴 때 해결책이 나온다. 토론할 때는 드러나지 않은 것 같아도 시간이 지나면 에너지가 정리되면서 생각이 정리되고 나중에는 스스로 결론을 내리게 된다. 토론하는 동안 결론이 안 났다고 해서 실패한 것이 아니다. 참여하는 사람들 모두가 얻는 것이 있다.

촛불 혁명이 개개인한테 준 영향은 크다. 자유롭게 모여 자유롭게 활동하는 것. 그 전까지의 시위는 대부분 강박증이나 집단 욕망의 작용으로 일어난 것이라 긍정적으로 작용하지 않았다. 사명감-스스로 만들거나 외부에서 만들어진 것 모두-이 오히려 해롭다.

로마의 토론문화가 많은 로마인을 성장시켰고 수준 높은 지성인을 만들어냈다. 토론이 학문적으로 가는 것도 경계해야 한다. 지식은 한계가 있다. 지식 속에 사람이 갇히게 되기 때문이다.

단어 하나를 사용하더라도 잘 써야 한다. 그것 자체가 파동, 창조를 일으키기 때문에 사용하는 단어가 그 사람의 인생을 결정한다. 자주 사용하는 단어가 뇌를 그 단어로 고착화시킨다. 대다수의 사람이 단순한 이유는 그들이 사용하는 단어가 적기 때문이다. 여기서 단순하다는 의미는 이분법적인 사고처럼, 사고방식이 하나 또는 두 개만 있는 경우를 말한다. 고정관념이나 습관화된 사고로 여러 가지 방법을 생각해내지 못하는 것을 의미한다.

영성 책보다는 소설책이 훨씬 수행에 도움이 된다. 영혼을 알기 위해서는 인간을 먼저 알아야 한다. 지식, 정보 서적이 아닌 창작품, 소설, 시가 훨씬 인간에게 도움이 된다. 소설은 인간탐구를 하지 않으면 쓸 수 없다. 예술가, 작가가 수행하면 일반인보다 훨씬 빠르게 수행 단계가 올라간다.